本书出版得到

国家文物局重点文物保护专项补助资金支持

古铜今识

青岛市黄岛区博物馆藏青铜文物保护修复与研究

徐军平　刘靓　郭长波　著

文物出版社

北京·2020

图书在版编目（CIP）数据

古铜今识：青岛市黄岛区博物馆藏青铜文物保护修复与研究 /
徐军平，刘靓，郭长波著. -- 北京：文物出版社, 2020.10
ISBN 978-7-5010-6834-0

Ⅰ. ①古… Ⅱ. ①徐… ②刘… ③郭… Ⅲ. ①青铜器（考
古）—文物保护—研究—青岛②青铜器（考古）—器物修复—研
究—青岛 Ⅳ. ①K876.414

中国版本图书馆CIP数据核字（2020）第197023号

古铜今识——青岛市黄岛区博物馆藏青铜文物保护修复与研究

著　　者：徐军平　刘　靓　郭长波

责任编辑：崔叶舟
封面设计：王文娴
责任印制：张　丽

出版发行：文物出版社
社　　址：北京市东直门内北小街2号楼
邮　　编：100007
网　　址：http://www.wenwu.com
邮　　箱：web@wenwu.com
经　　销：新华书店
印　　刷：河北鹏润印刷有限公司
开　　本：889mm×1194mm　1/16
印　　张：12.5
字　　数：300千字
版　　次：2020年10月第1版
印　　次：2020年10月第1次印刷
书　　号：ISBN 978-7-5010-6834-0
定　　价：368.00元

The Study of the Ancient Bronze

Conservation and Restoration Study of Bronze Cultural Relics From the Huangdao District Museum of Qingdao City

(With an English Abstract)

by

Xu Junping, Liu Liang, Guo Changbo

Cultural Relics Press

Beijing · 2020

编辑委员会

主　　任：王传昌

副　主　任：翁建红

编　　委：王云鹏　于法霖　郝智国　李祖敏　杨　易　覃小斐

参与单位：山东省文物保护修复中心
　　　　　青岛市黄岛区博物馆

内容提要

青岛市黄岛区博物馆藏青铜文物种类丰富、门类齐全，基本涵盖了古代青铜文物的各个种类，为青铜文物的形制、功能（组合）、纹饰、铸造工艺研究提供了珍贵的实物资料，具有十分重要的历史、艺术和科学价值。

通过前期病害调查及其相应分析测试发现，部分珍贵青铜文物存在着不同程度的病害，亟须保护修复，从而尽可能将这些承载着重要古代文明和中华文化的实物载体"益寿延年"。为此，2017年10月，由山东省文物保护修复中心、青岛市黄岛区博物馆联合成立项目组，对文物实施了保护修复。在此过程中，工作人员对青铜文物的材料质地、内部结构、制作工艺、器形类别等信息进行了深入分析研究。

本书是对青岛市黄岛区博物馆藏青铜文物保护修复和文物研究过程的全面梳理，以期将研究成果较全面地呈现出来。

Abstract

The Huangdao District Museum of Qingdao city has a rich collection of bronze cultural relics, covering all kinds of ancient bronze cultural relics. It provides precious physical materials for the study of the form, function (combination) , decoration and casting technology of bronze cultural relics, with significant historical, artistic and scientific value.

Through the investigation of the disease and the corresponding analysis and testing, it was found that some precious bronze cultural relics have varying degrees of disease and need to be protected and restored urgently, so as to "bear life and extend life" as much as possible for these physical carriers that delivering vital ancient civilizations and Chinese culture. Hence, in October 2017, a project team was jointly established by the Shandong Cultural Relics Conservation and Restoration Center and the Huangdao District Museum of Qingdao city, to protect cultural relics. During this process, the staff conducted in-depth analysis and research on the material texture, internal structure, production process, and form-category of the bronze cultural relics.

This book present a comprehensive review of the preservation and restoration of bronze cultural relics and the research in the Huangdao District Museum of Qingdao city, with a full interpretation and understanding of the research results during the work.

目　录

序

　　为进一步加强山东省可移动文物保护修复工作，2015 年 2 月，经中共山东省委、省政府批准成立了"山东省文物保护修复中心"，归属于山东省文化和旅游厅，为正处级公益一类事业单位，主要职责是承担可移动文物保护修复的有关工作，承担文物修复的研究、技术推广、学术交流等工作，培养文物保护修复人才。

　　山东省文物保护修复中心在建立之初，便开始建立面向全省的文物保护网络体系，通过 5 年的建设，现已形成以省文物保护修复中心为核心，地方重点博物馆为骨干，社会力量为补充的可移动文物保护网络体系。2016 年 11 月，由原山东省文物局批准成立的"山东省文物保护修复黄岛工作站"就是七个可移动文物保护修复工作站之一。该工作站由山东省文物保护修复中心负责建设，已形成一个 200 多平方米的金属文物保护修复实验室，并配备了基本的仪器设备和文物修复工具，其运营管理依托青岛市黄岛区博物馆。

　　在该工作站实施的"青岛市黄岛区博物馆馆藏金属文物保护修复项目"，共保护修复馆藏珍贵金属文物 288 件。项目执行过程中为青岛市黄岛区博物馆培养文物修复人员 6 名，培养高校实习生 2 名。

　　本书以"青岛市黄岛区博物馆馆藏金属文物保护修复项目"为依托，在开展项目的过程中，文物保护修复人员注重科学分析检测，为有效修复提供了有力的科技支撑。同时，注重研究文物的历史信息，较全面地研究了文物的价值内涵。本书的出版，为同类项目的实施提供了很好的借鉴，这种既注重保护修复又注重文物研究的工作模式值得推广。

　　"黄岛工作站"的建立和运行，有力地推动了当地文物保护工作的开展。通过项目的带动，培养了基层文博单位的文物保护人才队伍，积累了相应的文物修复经验，这必将为辐射带动黄岛周围区域文物保护工作产生较强的引领作用。

　　在此，祝愿青岛市黄岛区博物馆能在山东省文物保护修复中心的技术指导下，适应新时代文物保护发展趋势，承担起区域可移动文物保护修复工作的重任，为全面推进文物保护利用与传承发展贡献更大力量。

王传昌

2020 年 8 月

第一章　馆藏青铜文物概况

青岛市黄岛区博物馆为原胶南市博物馆，1983年由山东省原文化局批准设立，是集宣传教育、文物收藏、陈列展览、文博研究、文物保护等为一体的地域性综合博物馆，是中国博物馆协会团体会员单位。青岛市黄岛区博物馆第一次全国可移动文物普查共登记各类文物11648件（套），其中一级文物8件，二级文物25件，三级文物42件。馆藏文物中，各类铜器有200余件，齐刀币有100余枚。

博物馆建馆之初，馆藏铜器来源多以征集为主。1983年，大珠山公社（今滨海街道办事处）顾家崖头村村民将1973年修筑石屋子沟水库时出土的周代铜鼎、铜鬲、铜戈等青铜器捐献给博物馆；1987年5月，六汪镇农民樊农业将自己祖孙三代珍藏的"荆公孙"铜敦捐献给博物馆，这些周代青铜器成为博物馆早期重要的铜器藏品。

近年来，考古发掘出土的铜器成为馆藏的主要来源。2000年，博物馆同青岛市文物局在王台镇对古墓葬进行抢救性清理，出土文物100余件，其中有战国铜鼎、铜豆、铜壶，汉代镶玉铜牌饰等十余件铜器。2011年，青岛市文物保护考古研究所与博物馆组成联合考古队，在前期调查、勘探的基础上，对黄岛区张家楼镇土山屯区域进行考古发掘工作，共清理地面封土3座、墓葬13座，出土精美漆器、玉器、铜器等。土山屯墓群出土的铜器有铜镜、铜镜刷、铜洗、铜席镇、铜带钩等，其中两件铜洗和多面铜镜极为精美。

1.1　文物价值评估

青岛市黄岛区博物馆馆藏青铜文物种类丰富、门类齐全，基本涵盖了古代青铜文物的各个种类，为研究青铜文物的形制、功能（组合）、纹饰、铸造工艺等提供了新的实物资料，具有十分重要的历史、艺术和科学价值。其中不乏珍品，兹述如下：

荆公孙敦（W0658），1987年5月，六汪镇农民樊农业将自己祖孙三代珍藏的"荆公孙"铜敦捐献给博物馆。据捐献者称，此器于光绪年间（1875～1908年）在六汪镇山周村后的齐长城脚下出土。此器侈口、折肩，附耳，三足，饰乳丁纹；通高10.7、口径20.7厘米，器内有铭文3行15字"荆公孙铸其善敦，老寿用之，大宝无期"。此敦应属春秋晚期或战国早期器物，形制纹饰罕见，是研究齐国东扩胶东的珍贵实物资料。

波曲纹鼎（W0567），1974年4月发现于灵山岛李家村，年代为西周。该青铜鼎通高27.2厘米，重6.9千克，上部饰以环带纹，下绘兽形纹，三足上饰以兽首，给人以庄重肃穆之感。出土该铜鼎的灵山岛是一座远离陆地的孤岛，青铜鼎的发现，或可推测早在2800年前，周人的生活范围便已扩展到那里。

镶玉铜牌饰（2件，W1784、W1785），2000年王台镇出土，年代为西汉。两件铜牌饰尺寸一致，长10、宽5.2、厚0.5厘米。牌饰为平面长方形，出土时器表有织物包裹痕迹，外周青铜牌框锈绿斑驳，纹饰已辨识不清。正面镶嵌玉牌，阴刻、透雕神兽纹饰，背面有两个穿系铜纽。这类牌饰是汉文化与北方游牧文化融合的典型器物。

铜洗（2件，W1899、W1900），2011年张家楼镇土山屯村出土，年代为西汉。口径18、底径9.2、高5.8厘米（W1899）。敞口，宽平沿，弧腹较深，矮圈足。腹有腰沿，并饰有对称兽面衔环铺首。器物通体鎏金，铜洗内錾刻云气纹等图案。铜洗外腰沿上部錾刻连弧纹，下部錾刻锯齿纹一周，其上下再分别錾刻有云纹。该洗多流行于今江浙地区，纹饰是汉代流行的虒纹画。青岛市黄岛区出土该类器物为研究鲁东南与江浙地区的区域文化交流提供了重要的实物资料。

连珠纹昭明镜（W1888），2011年张家楼镇土山屯村出土，年代为西汉。铜镜直径18厘米。圆形，圆纽，并蒂连珠纽座。两周凸弦纹圈及栉齿纹将镜背分为内外两区，两区内都有篆体铭文。内区21字铭文为"内清质以昭明，光辉象日月，心扬而愿然，雍塞而忽泄"，外区37字铭文"洁清而事君，心驩谷明，佳玄锡之泽，超疏远日忘，怀美之穷祛，承驩之可说，慕窕之慕景，愿思毋"。该镜是中国古代铜镜制造高峰期之一汉代时期的典型器。

1.2　文物保护修复项目申报来源

通过前期病害调查及其相应分析测试发现，青岛市黄岛区博物馆馆藏部分珍贵青铜文物存在着不同程度的病害，亟须保护修复，以尽可能将这些承载着重要古代文明和中华文化的实物载体"益寿延年"。为此，2016年1月青岛市黄岛区博物馆委托山东省文物保护修复中心，启动馆藏青铜文物保护修复方案编制工作，方案于2016年4月获得国家文物局批准（文物博函〔2016〕517号）。

2016年12月，山东省文物局批准在黄岛区设立"山东省文物保护修复黄岛工作站"（鲁文物博函〔2016〕69号），工作站依托青岛市黄岛区博物馆进行建设和运行管理。2017年3月24日，由山东省文物局举办的"匠心神韵——山东省文物保护修复技艺展"暨山东省可移动文物保护修复工作站授牌仪式在山东博物馆举行，"黄岛工作站"正式挂牌成立。

2017年1月，青岛市黄岛区博物馆通过单一来源招标方式，委托山东省文物保护修复中心实施此项目。2017年4月至8月，山东省文物保护修复中心在青岛市黄岛区博物馆建设金属文物保护修复实验室。2017年9月，山东省文物保护修复中心启动该项目保护修复工作，并编制《青岛市黄岛区博物馆馆藏金属文物保护修复实施方案》，项目自2017年10月开始至2018年9月结束，用时12个月，完成288件青铜文物的保护修复任务。

2018年9月27日，组织了项目结项验收会。与会专家认为该批金属文物修复工艺科学合理，保护修复效果良好，档案完整，资料齐全，达到了文物保护修复的目标，同意通过结项验收。

本项目顺利通过结项验收，是对山东省文物保护修复地方工作站运行和地方博物馆开展馆藏文物保护修复的有益尝试，为山东省文物保护修复黄岛工作站开展工作、青岛市黄岛区博物馆进行文物保护研究工作指明了方向。工作人员在修复前进行了有针对性的大量病害分析检测和修复工艺筛选，使修复后的青铜器不但病害得到有效治理，而且其艺术性也得到了高度诠释，满足了收藏和展示的要求。多件残破严重的铜器经修补、复原，使之能够符合展示要求，尤其是将编号为 Z0040 已经残损为若干碎片的西周铜鼎修复完整，并清理出铭文，这为研究西周时期的制鼎技术、用鼎礼制提供了珍贵的实物资料。

1.3　文物基本信息

待修复的青铜文物，其时代从商代至清代，文物类别大体分为容器、兵器、镜鉴、钱币、造像、杂项等 6 大类。文物来源分为征集和考古发掘两类。（表 1-1，图 1-1~1-6）

表 1-1　青岛市黄岛区博物馆藏待修复的青铜文物情况统计表（单位：件）

类别 ＼ 年代	商	西周	春秋	战国	汉代	唐代	宋代	明代	清代	小计
鼎		4	1	2						7
鬲		1	1							2
舟			1							1
壶				2						2
鋗					4					4
鋰					1					1
釜					1					1
鋗镂					1					1
豆				4						4
敦				1						1
炉					2			1	4	7
碗									1	1
戈			3	3						6
镞	1		7	3						11
铧		1								1
剑			5	20						25
弩机					1					1
铜镜					32	2	6		1	41
铜镜刷					7					7
刀币				113						113
钱坨							1			1
动物造像									1	1
人物造像								1	20	21
带钩				4	4					8
削				1						1

类别＼年代	商	西周	春秋	战国	汉代	唐代	宋代	明代	清代	小计
杯形漏孔器				2						2
玛瑙牌饰				2						2
铜饰品				3						3
席镇				2						2
铙				1						1
簪									1	1
熨斗					1					1
龟纽印					1					1
铜柄				3						3
铜构件					1					1
环					1					1
直筒型铜器				1						1
合计	1	6	18	153	71	2	7	2	28	288

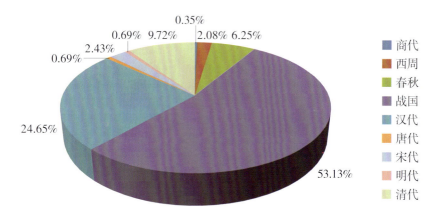

图1-1　青岛市黄岛区博物馆藏待修复的青铜文物年代分布比例

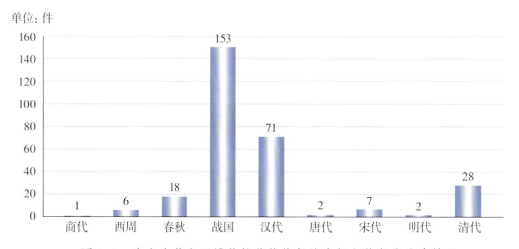

图1-2　青岛市黄岛区博物馆藏待修复的青铜文物年代分布情况

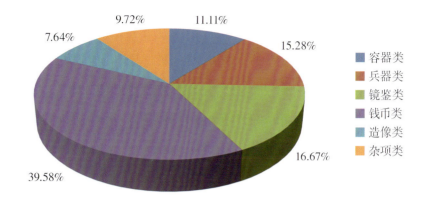

图 1-3 青岛市黄岛区博物馆藏待修复的青铜文物各类别所占比例

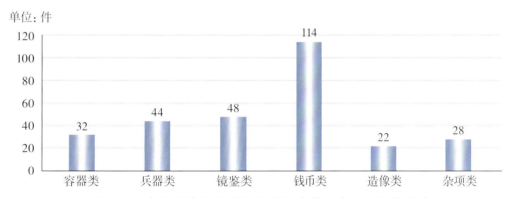

图 1-4 青岛市黄岛区博物馆藏待修复的青铜文物类别情况

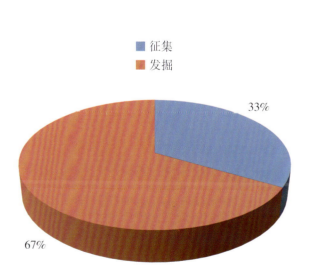

图 1-5 青岛市黄岛区博物馆藏待修复的青铜文物来源
分布比例

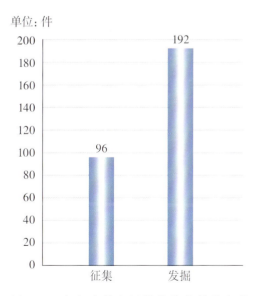

图 1-6 青岛市黄岛区博物馆藏待修复的
青铜文物来源情况

（本章由翁建红、徐军平、刘靓撰写）

第二章 馆藏青铜文物检测分析研究

在青铜器保护修复前后，工作人员针对文物的材质、劣化程度、污染物等情况进行检测分析。内容主要包括：43 件青铜文物的 109 个点位无损 X 射线荧光检测分析；151 个典型器物样品的扫描电镜 – 能谱和 X 射线衍射检测分析，样品种类主要是器物表面锈蚀、硬结物及早期修复材料；86 件套青铜文物本体无损 X 光成像检测分析。目的在于对文物铸造工艺、锈蚀情况、后期修复效果进行确定和判断。这些检测分析结果能够为保护修复使用方法和材料的选择提供科学可靠的依据，同时也能对文物的制造工艺和材质有较深入的认知。文物及样品分析详情见表 2-1。

表 2-1 分析样品数量和分析方法

序号	编号	名称	数量（个）	方法
1	W0566	窃曲纹铜鬲	无损分析 + 取样 3	X 射线衍射、扫描电镜 – 能谱、X 光成像检测
2	W0567	波曲纹铜鼎	无损分析 + 取样 2	X 射线衍射、X 光成像检测
3	W0569	铜戈	取样 1	X 射线衍射、扫描电镜 – 能谱
4	W0570	铜戈	取样 1	X 射线衍射
5	W0571	铜带钩	取样 2	X 射线衍射、扫描电镜 – 能谱
6	W0572	铜带钩	取样 2	X 射线衍射、扫描电镜 – 能谱
7	W0573	铜带钩	取样 2	X 射线衍射
8	W0574	铜锛	取样 2	X 射线衍射
9	W0575	云雷纹铜鬲	无损分析 + 取样 4	X 射线衍射、X 光成像检测
10	W0576	窃曲纹铜鼎	无损分析 + 取样 2	X 射线衍射、扫描电镜 – 能谱、X 光成像检测
11	W0577	乳丁纹双环耳铜舟	无损分析 + 取样 1	X 射线衍射、扫描电镜 – 能谱、X 光成像检测
12	W0579	铜镞	取样 1	X 射线衍射、扫描电镜 – 能谱
13	W0583	铜镞	取样 1	X 射线衍射
14	W0584	铜镞	取样 1	X 射线衍射
15	W0585	螭龙纹铺首衔环铜熏壶	无损分析 + 取样 2	X 射线衍射、扫描电镜 – 能谱、X 光成像检测
16	W0586	弦纹双环耳铜盖壶	无损分析 + 取样 3	X 射线衍射、扫描电镜 – 能谱、X 光成像检测

续表 2-1

序号	编号	名称	数量（个）	方法
17	W0591	三蹄足铜盖壶	无损分析 + 取样 2	X 射线衍射、扫描电镜 – 能谱、X 光成像检测
18	W0594	铜带钩	无损分析	便携 X 射线荧光分析
19	W0595	铺首衔环铜鋗	无损分析 + 取样 1	X 射线衍射、扫描电镜 – 能谱、X 光成像检测
20	W0597	鎏金杯形铜漏孔器	取样 1	X 射线衍射
21	W0598	双环耳三足铜盖奁	无损分析 + 取样 1	X 射线衍射、X 光成像检测
22	W0599	三足铜炉	无损分析	X 光成像检测
23	W0600	双螭龙纹铜镜	无损分析	便携 X 射线荧光分析、X 光成像检测
24	W0601	画像纹铜镜	无损分析	便携 X 射线荧光分析、X 光成像检测
25	W0602	连弧纹昭明铜镜	无损分析	X 光成像检测
26	W0603	四乳四神博局铜镜	无损分析	便携 X 射线荧光分析、X 光成像检测
27	W0604	三官之天官铜造像	无损分析	X 光成像检测
28	W0605	玉皇大帝铜造像	无损分析	X 光成像检测
29	W0607	三官之水官铜造像	无损分析 + 取样 1	X 射线衍射、X 光成像检测
30	W0608	菩萨铜像	无损分析	X 光成像检测
31	W0609	铜像	无损分析 + 取样 1	X 射线衍射、X 光成像检测
32	W0610	铜佛像	无损分析	X 光成像检测
33	W0611	王灵官铜像	无损分析 + 取样 2	X 射线衍射、扫描电镜 – 能谱、X 光成像检测
34	W0612	药王孙思邈铜像	无损分析	X 光成像检测
35	W0613	铜佛侍像	无损分析	X 光成像检测
36	W0614	观音菩萨铜像	无损分析	X 光成像检测
37	W0615	韦陀铜像	无损分析 + 取样 1	X 射线衍射、X 光成像检测
38	W0616	铜弥勒佛像	无损分析	X 光成像检测
39	W0617	铜佛像	无损分析 + 取样 1	X 射线衍射、X 光成像检测
40	W0618	观音菩萨铜像	无损分析	X 光成像检测
41	W0619	铜剑	取样 2	X 射线衍射
42	W0621	铜剑	取样 1	X 射线衍射
43	W0622	铜剑	取样 1	X 射线衍射
44	W0625	铜剑	无损分析 + 取样 1	便携 X 射线荧光分析、X 射线衍射、X 光成像检测
45	W0628	铜剑	取样 1	X 射线衍射

续表 2-1

序号	编号	名称	数量（个）	方法
46	W0629	铜剑	取样 1	X 射线衍射
47	W0630	铜剑	取样 1	X 射线衍射
48	W0632	铜剑	取样 1	X 射线衍射、扫描电镜 - 能谱
49	W0633	铜剑	取样 1	X 射线衍射
50	W0634	连弧纹柿蒂纽铜镜	无损分析	X 光成像检测
51	W0635	铜戈	取样 1	X 射线衍射
52	W0636	铜戈	取样 1	X 射线衍射
53	W0637	柿蒂纽四乳四神铜镜	无损分析 + 取样 1	X 射线衍射、扫描电镜 - 能谱、X 光成像检测
54	W0638	星云连弧纹铜镜	取样 1	X 射线衍射、扫描电镜 - 能谱
55	W0639	圆柱纽铜镜	无损分析 + 取样 1	便携 X 射线荧光分析、X 射线衍射、扫描电镜 - 能谱、X 光成像检测
56	W0640	圆纽素面铜镜	取样 1	X 射线衍射
57	W0642	神兽纹铜镜	无损分析	便携 X 射线荧光分析、X 光成像检测
58	W0643	星云连弧纹铜镜	无损分析 + 取样 1	X 射线衍射、扫描电镜 - 能谱、X 光成像检测
59	W0644	铜雕描金天王造像	无损分析 + 取样 1	便携 X 射线荧光分析、扫描电镜 - 能谱、X 光成像检测
60	W0645	铜菩萨像	无损分析 + 取样 1	X 射线衍射、X 光成像检测
61	W0646	铜菩萨像	无损分析 + 取样 1	X 射线衍射、扫描电镜 - 能谱、X 光成像检测
62	W0647	铜菩萨像	无损分析 + 取样 2	X 射线衍射、X 光成像检测
63	W0648	铜韦驮像	无损分析 + 取样 1	便携 X 射线荧光分析、X 射线衍射、扫描电镜 - 能谱、X 光成像检测
64	W0651	双环耳铜豆	无损分析 + 取样 1	X 射线衍射、X 光成像检测
65	W0652	铜羊	无损分析	X 光成像检测
66	W0653	铺首衔环耳铜锅	无损分析 + 取样 1	X 射线衍射、X 光成像检测
67	W0654	神人云纹铜铣	无损分析	X 光成像检测
68	W0656	波曲纹蹄足铜鼎	无损分析 + 取样 3	便携 X 射线荧光分析、X 射线衍射、扫描电镜 - 能谱、X 光成像检测
69	W0657	花叶纹铜簪	无损分析	便携 X 射线荧光分析、X 光成像检测
70	W0658	乳丁纹铜敦	无损分析 + 取样 2	X 射线衍射、扫描电镜 - 能谱、X 光成像检测
71	W0661	铜熨斗	取样 2	X 射线衍射
72	W0899-1	刀币	无损分析 + 取样 1	便携 X 射线荧光分析、X 射线衍射、X 光成像检测

序号	编号	名称	数量（个）	方法
73	W0899-2	刀币	无损分析＋取样 2	便携 X 射线荧光分析、X 射线衍射、X 光成像检测
74	W0899-3	刀币	无损分析＋取样 2	便携 X 射线荧光分析、X 射线衍射、扫描电镜－能谱、X 光成像检测
75	W0899-4	刀币	无损分析＋取样 2	便携 X 射线荧光分析、X 射线衍射、X 光成像检测
76	W0899-5	刀币	无损分析＋取样 3	便携 X 射线荧光分析、X 射线衍射、扫描电镜－能谱、X 光成像检测
77	W0899-6	刀币	无损分析＋取样 3	X 射线衍射、X 光成像检测
78	W0899-7	刀币	无损分析＋取样 3	X 射线衍射、X 光成像检测
79	W0899-8	刀币	取样 1	X 射线衍射
80	W0899-9	刀币	无损分析＋取样 2	X 射线衍射、X 光成像检测
81	W0899-10	刀币	取样 2	X 射线衍射、扫描电镜－能谱
82	W0899-11	刀币	取样 2	X 射线衍射
83	W0899-12	刀币	取样 2	X 射线衍射、扫描电镜－能谱
84	W0899-13	刀币	取样 2	X 射线衍射、扫描电镜－能谱
85	W0899-14	刀币	取样 3	X 射线衍射、扫描电镜－能谱
86	W0899-15	刀币	取样 2	X 射线衍射
87	W1016	见日之光铜镜	无损分析＋取样 1	X 射线衍射、扫描电镜－能谱、X 光成像检测
88	W1017	见日之光铜镜	无损分析	X 光成像检测
89	W1026	单弦纹铜镜	取样 1	X 射线衍射
90	W1509	双附耳三足铜鼎	无损分析＋取样 2	X 射线衍射、X 光成像检测
91	W1510	双附耳三足铜鼎	无损分析＋取样 1	X 射线衍射、X 光成像检测
92	W1511	弦纹双环耳铜盖豆	无损分析＋取样 1	X 射线衍射、扫描电镜－能谱、X 光成像检测
93	W1512	弦纹双环耳铜盖豆	无损分析＋取样 1	X 射线衍射、X 光成像检测
94	W1513	弦纹双环耳铜盖豆	无损分析	X 光成像检测
95	W1514	弦纹双环耳铜盖豆	无损分析＋取样 1	X 射线衍射、扫描电镜－能谱、X 光成像检测
96	W1515	双环耳铜壶	无损分析＋取样 1	便携 X 射线荧光分析、X 射线衍射、X 光成像检测
97	W1516	双环耳铜壶	无损分析	X 光成像检测
98	W1598	单弦纹铜镜	取样 2	X 射线衍射
99	W1752	香炉	取样 1	X 射线衍射
100	W1753	四乳四虺纹铜镜	无损分析	X 光成像检测

序号	编号	名称	数量（个）	方法
101	W1784	镶玉铜牌饰	无损分析	便携 X 射线荧光分析、X 光成像检测
102	W1785	镶玉铜牌饰	无损分析	便携 X 射线荧光分析、X 光成像检测
103	W1786	铜带钩	取样 3	X 射线衍射、扫描电镜 – 能谱
104	W1787	素面铜镜	无损分析 + 取样 1	便携 X 射线荧光分析、X 射线衍射、X 光成像检测
105	W1807	见日之光铜镜	无损分析	X 光成像检测
106	W1887	四乳四蟠虺纹铜镜	无损分析	便携 X 射线荧光分析、X 光成像检测
107	W1888	连珠纹双圈铭文昭明铜镜	无损分析	便携 X 射线荧光分析、X 光成像检测
108	W1889	四乳四虺纹铜镜	无损分析	便携 X 射线荧光分析、X 光成像检测
109	W1890	羽人神兽纹博局铜镜	无损分析	便携 X 射线荧光分析、X 光成像检测
110	W1891	四乳四虺纹铜镜	无损分析	便携 X 射线荧光分析、X 光成像检测
111	W1892	连弧纹昭明铜镜	无损分析 + 取样 1	便携 X 射线荧光分析、X 射线衍射、扫描电镜 – 能谱、X 光成像检测
112	W1893	四乳四虺纹铜镜	无损分析	便携 X 射线荧光分析、X 光成像检测
113	W1894	连珠纹日光铜镜	无损分析 + 取样 1	便携 X 射线荧光分析、X 射线衍射、扫描电镜 – 能谱、X 光成像检测
114	W1895	连珠纹日光铜镜	无损分析	便携 X 射线荧光分析
115	W1896	连弧纹见日之光铜镜	无损分析	便携 X 射线荧光分析、X 光成像检测
116	W1897	四乳四虺纹铜镜	无损分析 + 取样 3	X 射线衍射、扫描电镜 – 能谱、X 光成像检测
117	W1898	连弧纹昭明铜镜	无损分析	便携 X 射线荧光分析、X 光成像检测
118	W1899	铜洗	无损分析 + 取样 2	便携 X 射线荧光分析、X 射线衍射、扫描电镜 – 能谱、X 光成像检测
119	W1900	铜洗	无损分析 + 取样 1	便携 X 射线荧光分析、X 射线衍射、扫描电镜 – 能谱、X 光成像检测
120	W1901	铜席镇	无损分析 + 取样 2	便携 X 射线荧光分析、X 射线衍射、X 光成像检测
121	W1902	铜席镇	无损分析	X 光成像检测
122	W1903	铜带钩	无损分析 + 取样 3	X 射线衍射、扫描电镜 – 能谱、X 光成像检测
123	W1904	铜镜刷	无损分析 + 取样 1	X 射线衍射、扫描电镜 – 能谱、X 光成像检测
124	W1908	铜镜刷	无损分析	X 光成像检测
125	W1910	龟纽"吴渺容印"方形铜印	无损分析 + 取样 1	X 射线衍射、扫描电镜 – 能谱、X 光成像检测

续表 2-1

序号	编号	名称	数量（个）	方法
126	Z0038	铜鼎	无损分析 + 取样 2	便携 X 射线荧光分析、X 射线衍射、扫描电镜 – 能谱、X 光成像检测
127	Z0039	青铜剑	取样 1	X 射线衍射
128	Z0040	青铜鼎	无损分析 + 取样 4	便携 X 射线荧光分析、X 射线衍射、扫描电镜 – 能谱、X 光成像检测
129	Z0294	钱坨	无损分析 + 取样 6	便携 X 射线荧光分析、X 射线衍射、扫描电镜 – 能谱
130	Z0297	铃形铜饰品	无损分析	X 光成像检测
131	Z0472	连弧纹铜镜残片	取样 1	X 射线衍射
132	Z0605	连珠纹昭明镜	无损分析	便携 X 射线荧光分析、X 光成像检测
133	Z0732	铜镜残片	取样 1	X 射线衍射、扫描电镜 – 能谱

注：表中文物名称是根据青岛市黄岛区博物馆原文物账簿信息而登记，下同。

2.1　检测方法与实验条件

按照样品特点与分析目的，本次文物及样品检测所使用的设备与实验条件见表 2-2：

表 2-2　检测所用设备与实验条件

序号	设备名称	目的	实验条件
1	德国 Bruker tracer3-SD 型便携 X 射线荧光光谱仪	现场无损分析金属器物的元素成分及半定量组成	使用 40kV 和配套电流条件与半定量分析方法
2	飞纳（荷兰）Phenom XL 能谱版扫描电镜	文物样品形貌观察、元素测定	对金属文物样品使用 15kV 电压和配套电流条件结合能谱进行分析
3	帕纳科（荷兰）Aeris 台式 X 射线衍射仪	文物样品物相分析、定性分析	光管靶材 Cu，高压发生器设置 15 mA，40 kV
4	赛默飞 Nicolet S50+continuum 傅立叶变换显微红外光谱仪	文物样品定性分析	DTGS 检测器，扫描范围 4000–400cm⁻¹，分辨率为 4cm⁻¹，扫描次数 32 次
5	X 光探测器 HD –CR 35，射线机 Smart Evo 300D	文物内部探伤观察	电压 70/140/160kV，电流 1.5/1.0/0.8mA，时间 60/120 秒
6	X 光探测器 ATALNPIXX1717，射线机 goldenXRS4	文物内部探伤观察	电压 370kV，脉冲数 50/70/80 个

2.2　检测结果与分析

2.2.1　无损成分检测分析

使用 X 射线荧光光谱仪，可以对金属器物的合金组成进行半定量无损分析，通过检测结果，可以了解器物在制造过程中合金的大体比例，从而推断其金属合金类型以及合金元素的某些特征，这对认识不同时期青铜器物的铸造工艺有一定帮助。同时，也可对于器物修复的补配过程给予数据指导。

为保证器物的完整性，使用便携式 X 射线荧光光谱仪对 43 件青铜器物的 109 个点位进行了无损成分测试，检测点位主要选择在器物表层或锈蚀层处。每个点位按照主量元素的分析方法，个别含金的器物使用痕量元素分析法，采用 40kV 的设备电压采集数据，测试时间 16 秒，主量元素数据保留两位小数，测试点位及成分半定量组成如下。（图 2-1~2-6，表 2-3）

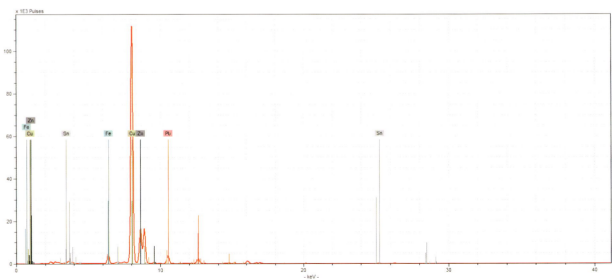

图 2-1　双螭龙纹铜镜（W0600）检测点 1 位置图、微观图、谱图

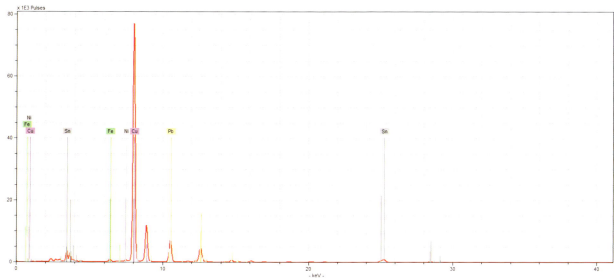

图 2-2　画像纹铜镜（W0601）检测点 1 位置图、微观图、谱图

1. 中国古代青铜器以合金成分分类主要有以下类别：

（1）锡青铜：成分主要是铜、锡（含量高于 2%），其他元素微量（均低于 2%）。

（2）铅青铜：成分主要是铜、铅（含量高于 2%），其他元素微量（均低于 2%）。

（3）铜、锡、铅三元青铜：成分主要是铜、锡、铅（含量均高于 2%），其他元素微量（均低于 2%）。锡含量高于铅含量称为锡铅青铜，铅含量高于锡含量称为铅锡青铜。

（4）类青铜：当锡、铅含量均低于 2% 大于 1% 时，则定为类青铜。

（5）鎏金银青铜：青铜器表面有鎏金层或鎏银层。

对于各类青铜成分中铅含量之高、中、低量的划分取以下标准：15% 以上（包含 15%）为高含量；介于 5%~15% 的为中含量，其中低于 10% 者为中等偏低，高于 10% 为中等偏高；含量高于 2% 低于 5% 为较低含量；低于 2% 为低量，并视为非有意义加入。[1]

---

[1] 山西博物院编著：《山西博物院藏部分青铜器保护修复研究》，科学出版社，2016 年，第 14~15 页。

图 2-3　四乳四神博局铜镜（W0603）检测点 1 位置图、微观图、谱图（谱图▶）

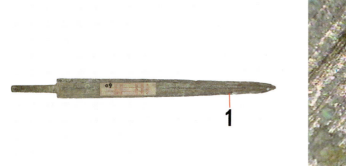

图 2-4　铜剑（W0625）检测点 1 位置图、微观图、谱图（谱图▶）

图 2-5　铜雕描金天王造像（W0644）检测点 1 位置图、微观图、谱图（谱图▶）

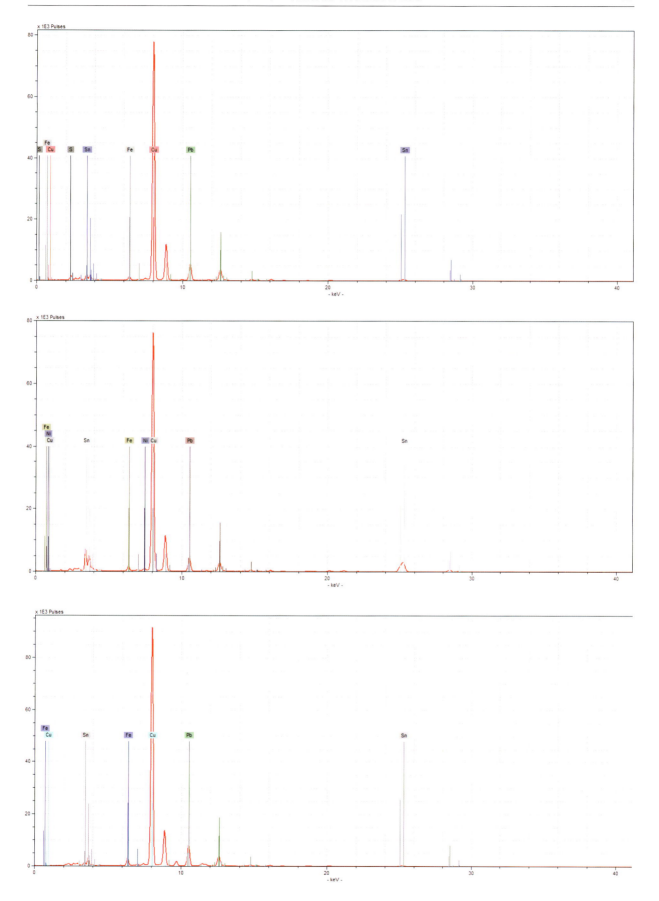

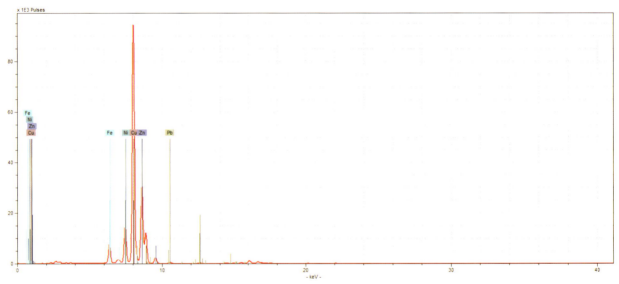

图 2-6　花叶纹铜簪（W0657）检测点 1 位置图、微观图、谱图

2. X 射线荧光检测结果分析：

（1）铅青铜：选取 8 个样点，占总检测样点的 7.34%，含铅量范围 2.97%~28.85%，平均含量 15.91%。其中，唐神兽纹铜镜（W0642），铅含量在 18.71%~28.85% 范围内，属于高铅含量，其余检测点为中低铅含量。

（2）锡铅三元合金青铜：选取 65 个样点，占总检测样点的 59.63%，含锡量范围含 2.08%~43.18%，平均含量 22.63%；含铅量范围 4.74%~40.24%，平均含量 22.49%。这次检测中属于锡铅青铜的铜镜较多，其中，汉四乳四虺纹铜镜（W1889）和汉四乳四虺纹铜镜（W1893）属于高含量锡铅青铜。战国刀币（W0899-1）至刀币（W0899-5）5 个钱币的铅含量均高于 20%，最高达到 31.34%，也属于高含量锡铅青铜。部分检测点位的锡铅含量达到 40% 左右，很有可能是因检测到锈蚀物所致。

（3）黄铜、纯铜：选取 3 个样点，占总检测样点的 2.75%。其中，清花叶纹铜簪（W0657）的 Sn 和 Pb 含量均低于 2%，但 Zn 含量高达 20% 左右，Ni 含量达到 8% 左右，已属于镍黄铜范围，这可能是有意加入。汉钱坨（Z0294-3）钱币的表层铜含量高达 94.21%，其他元素的含量均低于 2%，已属于纯铜范围。

表 2-3　测试点位及成分半定量组成表

序号	检测序号	文物名称及编号	时代	检测部位	材质	成分半定量（Wt%）											
						Cu	Sn	Pb	Fe	Zn	Au	Ni	Ti	Mn	Ca	S	K
01	1	双螭龙纹铜镜（W0600）	唐	表层	铅青铜	76.56	1.49	9.00	2.85	8.15		0.41					
02	1	双螭龙纹铜镜（W0600）		表层		72.29	1.59	10.04	4.25	10.36		0.38					
03	2	画像纹铜镜（W0601）	清	表层	铅锡青铜	69.05	7.39	17.23	0.94	0.16		0.59					
04	2	画像纹铜镜（W0601）		表层		77.48	5.04	12.93	1.78	0.25		0.47					
05	3	四乳四神博局铜镜（W0603）	汉	表层	铅锡青铜	75.19	4.33	13.84	1.28	0.19		0.53					
06	3	四乳四神博局铜镜（W0603）		表层		72.27	4.50	14.34	0.73	0.66		0.48					
07	4	铜剑（W0625）	春秋	表层	锡铅青铜	63.69	24.23	14.59	1.58	0.13		0.89					
08	4	铜剑（W0625）		表层		63.39	16.33	18.29	0.64	0.11		0.71					
09	5	圆柱纽铜镜（W0639）	战国	表层	铅锡青铜	80.98	2.08	8.79	2.39	3.42		0.45					
10	5	圆柱纽铜镜（W0639）		表层		81.95	3.89	8.35	1.67	1.84		0.47					
11	6	神兽纹铜镜（W0642）	唐	表层	铅青铜	60.52	1.90	28.85	10.12	6.18		0.35					
12	6	神兽纹铜镜（W0642）		表层		67.78	1.44	18.71	7.11	7.89		0.36					
13	7	铜雕描金天王造像（W0644）	清	描金层	铅锡青铜	73.67	3.32	10.87	2.54	0.16	2.21	0.70					
14	7	铜雕描金天王造像（W0644）		描金层		61.32	12.00	16.32	3.49	0.91	5.13	0.83					
15	7	铜雕描金天王造像（W0644）		表层		82.32	2.13	7.82	2.50	0.16		0.60					
16	7	铜雕描金天王造像（W0644）		描金层		37.95	2.24	28.96	2.10	0.42	3.27	0.48					
17	8	铜韦驮像（W0648）	清	表层	铅锡青铜	77.95	2.98	11.44	1.16	4.92		0.41					
18	8	铜韦驮像（W0648）		表层		81.94	2.96	8.62	1.10	3.60		0.41					
19	8	铜韦驮像（W0648）		表层		78.12	3.35	12.31	0.99	3.52		0.45					
20	8	铜韦驮像（W0648）		表层		71.26	3.95	17.77	1.33	3.04		0.49					

续表 2-3

序号	检测序号	文物名称及编号	时代	检测部位	材质	成分半定量（Wt%）											
						Cu	Sn	Pb	Fe	Zn	Au	Ni	Ti	Mn	Ca	S	K
21	8	铜丰驮像（W0648）		附着物	铁质锈蚀	8.22			71.40			3.96	11.15	2.10			
22	9	波曲纹蹄足铜鼎（W0656）	春秋	表层	铅锡青铜	56.51	13.18	25.51	1.60	0.06		0.67					
23	9	波曲纹蹄足铜鼎（W0656）	春秋	表层	铅锡青铜	66.48	10.61	20.04	2.31	0.11		0.64					
24	10	花叶纹铜簪（W0657）	清	表层	镍黄铜	63.24	0.79	1.85	4.03	20.28		8.65					
25	10	花叶纹铜簪（W0657）	清	表层	镍黄铜	66.59	0.77	1.54	3.42	19.03		7.54					
26	11	刀币（W0899-1）	战国	表层	铅锡青铜	45.34	2.92	27.10	1.52	0.01		0.37					
27	12	刀币（W0899-2）	战国	表层	铅锡青铜	61.11	5.89	23.43	1.56	0.11		0.57					
28	13	刀币（W0899-3）	战国	表层	铅锡青铜	37.81	4.89	31.34	2.39	0.18		0.35					
29	14	刀币（W0899-4）	战国	表层	锡铅青铜	65.83	2.79	20.27	1.46	0.23		0.53					
30	15	刀币（W0899-5）	战国	表层	铅锡青铜	64.78	2.59	24.85	1.89	0.14		0.46					
31	16	双环耳铜壶（W1515）	汉	表层	铅锡青铜	58.94	13.50	20.41	1.14	0.07		0.63					
32	17	镶玉铜牌饰（W1784）	汉	鎏金层	鎏金青铜	23.61	3.49	0.60	0.19	1.34	56.90	4.48					
33	17	镶玉铜牌饰（W1784）	汉	鎏金层	鎏金青铜	33.36	3.90	1.11	0.35	1.97	34.27	4.69					
34	17	镶玉铜牌饰（W1784）	汉	鎏金层	鎏金青铜	12.15	0.32	1.15	0.37	0.63	76.29	5.18					
35	17	镶玉铜牌饰（W1784）	汉	鎏金层	鎏金青铜	12.95	4.44	0.11	0.14	0.68	72.74	5.03					
36	18	镶玉铜牌饰（W1785）	汉	鎏金层	鎏金青铜	9.14	5.18		3.34	0.43	79.09	5.06					
37	18	镶玉铜牌饰（W1785）	汉	鎏金层	鎏金青铜	8.60	4.61		0.12	0.39	78.87	4.98					
38	18	镶玉铜牌饰（W1785）	汉	鎏金层	鎏金青铜	9.62	5.27		0.14	0.47	78.22	5.21					
39	18	镶玉铜牌饰（W1785）	汉	鎏金层	鎏金青铜	20.90	3.94	1.36	0.17	1.18	60.11	4.83					
40	18	镶玉铜牌饰（W1785）	汉	鎏金层	鎏金青铜	17.68	4.73	2.32	0.24	0.99	58.14	5.51					

续表 2-3

序号	检测序号	文物名称及编号	时代	检测部位	材质	成分半定量（Wt%）											
						Cu	Sn	Pb	Fe	Zn	Au	Ni	Ti	Mn	Ca	S	K
41	18	镶玉铜牌饰（W1785）		鎏金层		15.88	4.35	0.31	0.15	0.86	67.16	5.12					
42	18	镶玉铜牌饰（W1785）		鎏金层	鎏金青铜	15.22	4.71	0.35	0.14	0.83	65.35	5.40					
43	18	镶玉铜牌饰（W1785）		表层		67.25	2.27	21.07	1.10	0.16	1.84	0.51					
44	19	素面铜镜（W1787）		鎏金层		78.07	1.15	2.01	2.78	0.45	14.77	0.77					
45	19	素面铜镜（W1787）		表层	鎏金青铜	67.53	0.70	6.13	15.35	0.28		0.36					
46	19	素面铜镜（W1787）	汉	表层		91.84	0.67	2.97	0.74	0.29		0.66					
47	19	素面铜镜（W1787）		附着物	钙质沉积	11.46		0.23	0.20			0.13			87.98		
48	19	素面铜镜（W1787）		鎏金层	鎏金青铜	71.48	0.99	2.31	3.12	2.19	19.21	0.70					
49	20	四乳四蟠虺纹铜镜（W1887）		表层	锡铅青铜	78.36	13.62	5.59	1.98	0.19		0.68					
50	20	四乳四蟠虺纹铜镜（W1887）	汉	表层		77.93	12.09	5.32	4.19	0.24		0.57					
51	21	连珠纹双圈铭文昭明铜镜（W1888）		表层	锡铅青铜	66.91	17.51	13.32	2.86	0.09		0.89					
52	21	连珠纹双圈铭文昭明铜镜（W1888）	汉	表层		79.79	11.32	6.65	1.33	0.14		0.64					
53	21	连珠纹双圈铭文昭明铜镜（W1888）		表层		62.09	8.58	12.47	15.50	0.28		0.38					
54	22	四乳四虺纹铜镜（W1889）		表层	锡铅青铜	61.90	25.97	12.56	3.42	0.18		0.86					
55	22	四乳四虺纹铜镜（W1889）	汉	表层		54.62	28.35	19.73	3.98	0.14		0.93					
56	22	四乳四虺纹铜镜（W1889）		表层		27.66	43.18	36.13	6.26	0.05		0.84					
57	23	羽人神兽纹博局铜镜（W1890）		表层		57.24	27.81	18.34	5.52	0.14		0.99					
58	23	羽人神兽纹博局铜镜（W1890）	汉	表层	锡铅青铜	79.96	11.47	5.53	1.91	0.19		0.65					
59	23	羽人神兽纹博局铜镜（W1890）		表层		60.87	22.69	17.02	4.85	0.18		0.99					

续表2-3

序号	检测序号	文物名称及编号	时代	检测部位	材质	成分半定量（Wt%）											
						Cu	Sn	Pb	Fe	Zn	Au	Ni	Ti	Mn	Ca	S	K
60	23	羽人神兽纹博局铜镜(W1890)	汉	表层	锡铅青铜	62.00	22.70	15.82	4.77	0.17		0.92					
61	24	四乳四虺纹铜镜(W1891)	汉	表层	锡铅青铜	55.62	24.25	20.50	6.98	0.16		1.08					
62	24	四乳四虺纹铜镜(W1891)		表层		44.85	33.94	28.64	7.22	0.04		1.07					
63	25	连弧纹昭明铜镜(W1892)	汉	表层	铅锡青铜	64.11	9.17	16.91	13.04	0.25		0.48					
64	25	连弧纹昭明铜镜(W1892)		表层		71.05	9.36	12.91	8.67	0.24		0.55					
65	26	四乳四虺纹铜镜(W1893)	汉	表层	铅锡青铜	66.21	14.78	17.49	1.96	0.12		0.72					
66	26	四乳四虺纹铜镜(W1893)		表层		41.46	32.13	34.06	5.64	0.03		1.02					
67	26	四乳四虺纹铜镜(W1893)		表层		33.99	29.24	40.24	4.72	0.01		0.78					
68	27	连珠纹日光铜镜(W1894)	汉	表层	锡铅青铜	61.78	12.27	20.13	11.92	0.23		0.56					
69	27	连珠纹日光铜镜(W1894)		表层		63.11	11.13	18.71	12.02	0.25		0.55					
70	27	连珠纹日光铜镜(W1894)		表层		63.58	25.75	4.74	6.48	0.28		1.18					
71	27	连珠纹日光铜镜(W1894)		表层		72.51	17.50	6.46	3.92	0.28		0.89					
72	27	连珠纹日光铜镜(W1894)		表层		60.67	20.81	14.12	7.69	0.21		1.04					
73	27	连珠纹日光铜镜(W1894)		表层		67.57	17.18	11.56	5.30	0.21		0.87					
74	28	连珠纹日光铜镜(W1895)	汉	表层	锡铅青铜	47.18	31.17	18.31	8.05	0.20		1.34					
75	28	连珠纹日光铜镜(W1895)		表层		42.89	36.59	23.31	9.76	0.21		1.49					
76	28	连珠纹日光铜镜(W1895)		表层		58.84	24.94	15.43	6.28	0.29		1.01					
77	29	连弧纹见日之光铜镜(W1896)	汉	表层	锡铅青铜	63.66	16.23	17.98	3.48	0.13		0.87					
78	29	连弧纹见日之光铜镜(W1896)		表层		74.15	13.33	10.31	2.43	0.19		0.69					
79	29	连弧纹见日之光铜镜(W1896)		表层		29.99	40.64	38.58	7.49			1.09					

续表 2-3

序号	检测序号	文物名称及编号	时代	检测部位	材质	成分半定量（Wt%）											
						Cu	Sn	Pb	Fe	Zn	Au	Ni	Ti	Mn	Ca	S	K
80	30	连弧纹昭明铜镜（W1898）		表层		60.79	8.54	17.03	15.53	0.24		0.40					
81	30	连弧纹昭明铜镜（W1898）	汉	表层	铅锡青铜	58.76	8.95	16.17	16.71	0.23		0.45					
82	30	连弧纹昭明铜镜（W1898）		表层		63.04	12.71	17.74	11.33	0.19		0.65					
83	31	铺首衔环耳铜洗（W1899）		鎏金层		61.40	4.80	6.90	0.58	0.55	24.89	0.88					
84	31	铺首衔环耳铜洗（W1899）	汉	鎏金层	鎏金青铜	56.12	5.42	10.88	0.84	0.45	25.37	0.92					
85	31	铺首衔环耳铜洗（W1899）		鎏金层		80.29	5.59	8.78	1.21	0.47	4.54	1.00					
86	32	铺首衔环耳铜洗（W1900）		鎏金层		66.02	2.64	15.98	10.37	0.30	4.22	0.47					
87	32	铺首衔环耳铜洗（W1900）		鎏金层		64.75	2.56	11.17	14.82	0.35	1.98	0.61					
88	32	铺首衔环耳铜洗（W1900）	汉	鎏金层	鎏金青铜	64.07	2.66	12.29	15.62	0.36	3.62	0.57					
89	32	铺首衔环耳铜洗（W1900）		表层		81.07	2.47	6.15	8.16	0.29		0.43					
90	32	铺首衔环耳铜洗（W1900）		鎏金层		61.79	2.89	12.31	12.87	0.36	9.18	0.60					
91	33	铜席镇（W1901）	汉	表层	铅锡青铜	73.29	4.58	16.48	6.08	0.21		0.46					
92	34	青铜鼎（Z0040）		表层		66.47	6.82	19.74	11.27	0.33		0.45					
93	34	青铜鼎（Z0040）		表层		92.34	0.86	0.47	2.68	0.32		0.48					
94	34	青铜鼎（Z0040）	周	表层	铅锡青铜	76.54	5.85	13.02	4.68	0.34		0.48					
95	34	青铜鼎（Z0040）		表层		65.34	10.25	20.29	7.43	0.35		0.59					
96	34	青铜鼎（Z0040）		表层		78.97	3.60	11.78	4.69	0.27		0.43					
97	35	连珠纹昭明镜（Z0605）		附着物	钙质沉积	0.24			0.52	0.82		0.66	1.63		57.53	37.23	1.38
98	35	连珠纹昭明镜（Z0605）	汉	表层	锡铅青铜	76.25	15.71	6.41	1.29	0.27		0.89					
99	36	钱坨（Z0294-1）	汉	表层	铅青铜	88.15	1.31	4.14	2.23	0.29		0.55					

续表 2-3

序号	检测序号	文物名称及编号	时代	检测部位	材质	成分半定量（Wt%）											
						Cu	Sn	Pb	Fe	Zn	Au	Ni	Ti	Mn	Ca	S	K
100	37	钱坨（Z0294-2）	汉	附着物	铁质锈蚀	9.21			87.73			0.81					
101	38	钱坨（Z0294-3）	汉	表层	纯铜	94.21	0.84	0.69	0.85	0.28		0.53					
102	39	钱坨（Z0294-4）	汉	表层	铅青铜	71.10	1.55	7.52	13.41	0.35		0.49					
103	39	钱坨（Z0294-4）		附着物	铁质锈蚀	29.77			70.87			0.81					
104	40	钱坨（Z0294-5）	汉	附着物		2.06			94.68			0.76					
105	40	钱坨（Z0294-5）		附着物	铁质锈蚀	1.19			95.55			0.76					
106	40	钱坨（Z0294-5）		附着物		6.08			90.77			0.78					
107	41	钱坨（Z0294-6）	汉	附着物	铁质锈蚀	7.43			89.26			0.83					
108	42	钱坨（Z0294-7）	汉	附着物	铁质锈蚀	8.60			88.26			0.81					
109	43	钱坨（Z0294-8）	汉	表层	铅锡青铜	59.09	3.60	23.91	12.22								

（4）鎏金青铜：选取 23 个样点，占总检测样点的 21.10%。其中，镶玉铜牌饰（W1784）、镶玉铜牌饰（W1785）表层鎏金含量较高，检测点最高值达到 79.09%。

（5）表层附着物：选取 10 个样点，占总检测样点的 9.18%。其中，附着物的主要成分是铁质锈蚀和钙质沉积物，钱坨（Z0294）中的 5 枚汉代钱币沾染了大量的铁质锈蚀，铁元素含量在 70.87% 至 95.55% 之间。汉素面铜镜（W1787）的表面附着物钙元素含量高达 87.98%。这与器物在埋藏过程中的环境因素有很大关系。

保护修复的这批青铜文物时间跨度大，制造工艺各不相同，埋藏环境亦有所不同。从 X 射线荧光光谱仪检测结果分析，金属成分比例总体上还比较符合当时青铜器铸造时的配比，其金属成分一般为铜、锡、铅及微量铁、锌、镍等。部分器物的铁、锌等元素含量大于 2%，推测可能是长时间的埋藏，受环境影响发生了一些变化，或者是铸造中人为有意加入，这种情况主要表现在唐、清时期的青铜器物中。锡铅三元合金青铜中的高含量锡、铅现象，可能是因为埋藏环境变化导致锡、铅等金属离子向表面析出，富集在表层而造成。

2.2.2　样品的成分分析

在漫长的埋藏时间及特定的环境中，青铜文物的基体材质会发生某些特定的化学反应，产生锈蚀生长、结晶、钙化及矿化等变化，外观表现出各种锈蚀物的富集、凝结。因化学反应不同，各种锈蚀产物的成分和物相也各不相同，锈蚀层结构和结晶体形态也独具特点。

使用飞纳 Phenom XL 扫描电镜 – 能谱仪对 56 个文物样品进行了成分测试，每个点位使用 15kV 电压和配套电流条件采集数据，测试时间 30 秒，元素数据保留两位小数，各检测点位图及成分半定量组成如下。（图 2–7~2–10，表 2–4）

2.2.3　样品的物相分析

使用台式 X 射线衍射仪对送检的 142 个文物样品进行物相结构分析。首先，在玛瑙研钵中将样品研成精粉，然后涂敷在单晶硅片上，送入 X 射线衍射仪进行测试。实验条件：起始位置 [°2Th.]：10.0054，终点位置 [°2Th.]：69.9884，步长 [°2Th.]：0.0110，扫描每步时间 [s]：48.1950，

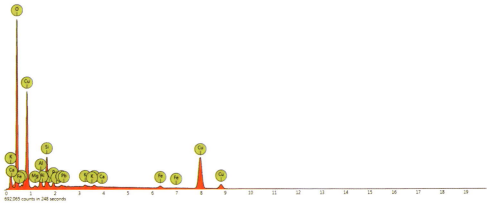

图 2–7　窃曲纹铜鬲（W0566）检测点位置图、谱图

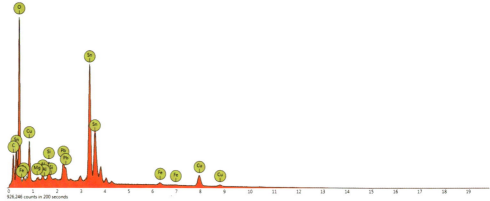

图 2-8　铜戈（W0569）检测点位置图、谱图

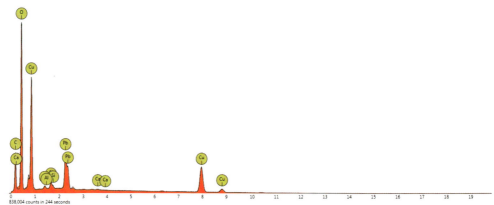

图 2-9　乳丁纹双环耳铜舟（W0577）检测点位置图、谱图

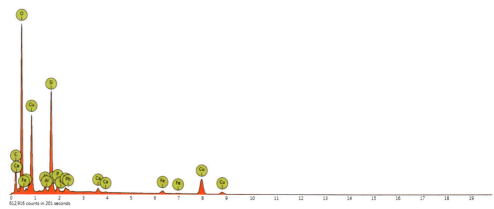

图 2-10　弦纹双环耳铜盖壶（W0586）检测点位置图、谱图

表 2-4　扫描电镜观察点位及能谱仪测试成分半定量组成

序号	文物编号及名称	样品编号	元素序号	元素符号	元素名称	原子百分比	重量百分比
1	W0566 窈曲纹铜鬲	W0566-1	29	Cu	铜	31.00	59.63
			8	O	氧	57.78	27.98
			14	Si	硅	5.29	4.50
			13	Al	铝	2.89	2.36
			82	Pb	铅	0.37	2.32
			26	Fe	铁	0.84	1.41
			15	P	磷	0.85	0.79
			20	Ca	钙	0.32	0.39
			19	K	钾	0.29	0.34
			12	Mg	镁	0.39	0.29
2	W0566 窈曲纹铜鬲	W0566-2	8	O	氧	52.46	36.78
			29	Cu	铜	10.48	29.19
			6	C	碳	24.28	12.78
			14	Si	硅	9.30	11.44
			82	Pb	铅	0.62	5.61
			13	Al	铝	2.07	2.45
			26	Fe	铁	0.52	1.28
			19	K	钾	0.27	0.46
3	W0569 铜戈	W0569	50	Sn	锡	12.25	42.77
			8	O	氧	68.52	32.24
			82	Pb	铅	1.62	9.88
			29	Cu	铜	4.90	9.16
			6	C	碳	10.36	3.66
			14	Si	硅	1.21	1.00
			26	Fe	铁	0.47	0.77
			13	Al	铝	0.47	0.37
			12	Mg	镁	0.20	0.14
4	W0571 铜带钩	W0571-1	29	Cu	铜	18.72	42.99
			8	O	氧	59.27	34.26
			50	Sn	锡	2.39	10.24

序号	文物编号及名称	样品编号	元素序号	元素符号	元素名称	原子百分比	重量百分比
4	W0571 铜带钩	W0571-1	6	C	碳	17.74	7.70
			82	Pb	铅	0.45	3.39
			14	Si	硅	0.74	0.75
			13	Al	铝	0.59	0.57
			12	Mg	镁	0.10	0.09
5	W0572 铜带钩	W0572-2	8	O	氧	57.20	42.23
			26	Fe	铁	8.46	21.80
			14	Si	硅	9.37	12.15
			6	C	碳	18.59	10.30
			13	Al	铝	3.84	4.79
			29	Cu	铜	1.36	4.00
			82	Pb	铅	0.36	3.43
			19	K	钾	0.33	0.59
			20	Ca	钙	0.24	0.45
			11	Na	钠	0.24	0.26
6	W0576 窃曲纹铜鼎	W0576-1	8	O	氧	52.71	48.06
			6	C	碳	33.12	22.67
			20	Ca	钙	7.28	16.64
			14	Si	硅	2.58	4.12
			16	S	硫	1.36	2.48
			13	Al	铝	1.09	1.68
			26	Fe	铁	0.49	1.57
			29	Cu	铜	0.33	1.18
			12	Mg	镁	0.42	0.58
			11	Na	钠	0.41	0.54
			19	K	钾	0.21	0.47
7	W0577 乳丁纹双环耳铜舟	W0577	29	Cu	铜	17.65	35.40
			82	Pb	铅	4.28	28.00
			8	O	氧	51.76	26.14
			6	C	碳	25.38	9.62

序号	文物编号及名称	样品编号	元素序号	元素符号	元素名称	原子百分比	重量百分比
7	W0577 乳丁纹双环耳铜舟	W0577	14	Si	硅	0.55	0.49
			13	Al	铝	0.33	0.28
			20	Ca	钙	0.05	0.07
8	W0579 铜镢	W0579	29	Cu	铜	16.98	41.01
			8	O	氧	40.43	24.59
			6	C	碳	33.04	15.09
			82	Pb	铅	0.90	7.12
			16	S	硫	4.52	5.50
			26	Fe	铁	1.19	2.52
			14	Si	硅	1.39	1.49
			50	Sn	锡	0.24	1.08
			15	P	磷	0.56	0.65
			20	Ca	钙	0.36	0.55
			13	Al	铝	0.40	0.41
9	W0585 螭龙纹铺首衔环铜熏壶	W0585-1	82	Pb	铅	4.72	28.35
			8	O	氧	57.30	26.57
			29	Cu	铜	9.19	16.93
			50	Sn	锡	3.89	13.37
			6	C	碳	16.23	5.65
			15	P	磷	2.87	2.57
			14	Si	硅	3.09	2.51
			33	As	砷	0.97	2.12
			20	Ca	钙	0.95	1.10
			13	Al	铝	0.55	0.43
			26	Fe	铁	0.25	0.40
10	W0585 螭龙纹铺首衔环铜熏壶	W0585-2	8	O	氧	56.22	30.04
			82	Pb	铅	3.62	25.06
			29	Cu	铜	10.84	23.01
			6	C	碳	21.01	8.43
			50	Sn	锡	1.32	5.24

序号	文物编号及名称	样品编号	元素序号	元素符号	元素名称	原子百分比	重量百分比
10	W0585 螭龙纹铺首衔环铜熏壶	W0585-2	14	Si	硅	3.96	3.71
			33	As	砷	0.59	1.47
			15	P	磷	1.19	1.23
			26	Fe	铁	0.58	1.08
			13	Al	铝	0.41	0.37
			20	Ca	钙	0.26	0.35
11	W0586 弦纹双环耳铜盖壶	W0586-1	8	O	氧	58.53	33.11
			82	Pb	铅	3.14	22.97
			29	Cu	铜	9.65	21.69
			6	C	碳	16.77	7.12
			15	P	磷	6.31	6.91
			26	Fe	铁	1.71	3.38
			20	Ca	钙	2.30	3.26
			14	Si	硅	1.24	1.23
			13	Al	铝	0.34	0.32
12	W0586 弦纹双环耳铜盖壶	W0586-1	8	O	氧	56.18	31.07
			29	Cu	铜	10.75	23.61
			82	Pb	铅	2.30	16.47
			50	Sn	锡	3.27	13.44
			6	C	碳	21.12	8.77
			14	Si	硅	3.08	2.99
			13	Al	铝	1.43	1.34
			26	Fe	铁	0.44	0.85
			15	P	磷	0.53	0.57
			12	Mg	镁	0.62	0.52
			20	Ca	钙	0.28	0.39
13	W0586 弦纹双环耳铜盖壶	W0586-2	26	Fe	铁	30.88	52.90
			8	O	氧	57.48	28.21
			29	Cu	铜	6.15	11.99
			14	Si	硅	3.53	3.04

序号	文物编号及名称	样品编号	元素序号	元素符号	元素名称	原子百分比	重量百分比
13	W0586 弦纹双环耳铜盖壶	W0586-2	82	Pb	铅	0.36	2.28
			15	P	磷	0.94	0.89
			20	Ca	钙	0.32	0.40
			13	Al	铝	0.33	0.28
14	W0586 弦纹双环耳铜盖壶	W0586-3	8	O	氧	54.13	39.72
			29	Cu	铜	7.93	23.12
			14	Si	硅	13.71	17.67
			6	C	碳	18.15	10.00
			13	Al	铝	3.42	4.23
			26	Fe	铁	1.17	2.99
			19	K	钾	0.35	0.62
			20	Ca	钙	0.31	0.57
			12	Mg	镁	0.39	0.43
			15	P	磷	0.23	0.33
			16	S	硫	0.21	0.31
15	W0591 三蹄足铜盖壶	W0591-1	8	O	氧	56.92	33.98
			29	Cu	铜	11.66	27.64
			82	Pb	铅	2.90	22.41
			6	C	碳	24.13	10.81
			14	Si	硅	2.73	2.86
			15	P	磷	0.75	0.87
			26	Fe	铁	0.33	0.68
			20	Ca	钙	0.32	0.47
			13	Al	铝	0.28	0.28
16	W0595 铺首衔环铜铞	W0595	8	O	氧	56.35	37.72
			29	Cu	铜	8.25	21.92
			82	Pb	铅	1.50	12.96
			6	C	碳	20.26	10.18
			14	Si	硅	7.43	8.73
			13	Al	铝	2.60	2.93

序号	文物编号及名称	样品编号	元素序号	元素符号	元素名称	原子百分比	重量百分比
16	W0595 铺首衔环铜铟	W0595	15	P	磷	2.03	2.63
			26	Fe	铁	0.87	2.02
			12	Mg	镁	0.47	0.48
			20	Ca	钙	0.26	0.43
17	W0611 王灵官铜像	W0611-1	26	Fe	铁	24.29	49.00
			8	O	氧	60.89	35.19
			14	Si	硅	7.15	7.25
			13	Al	铝	4.30	4.19
			17	Cl	氯	2.25	2.88
			19	K	钾	0.43	0.60
			16	S	硫	0.41	0.47
			20	Ca	钙	0.29	0.42
18	W0632 铜剑	W0632	8	O	氧	69.51	38.71
			29	Cu	铜	11.81	26.13
			50	Sn	锡	6.04	24.94
			82	Pb	铅	0.62	4.46
			6	C	碳	10.67	4.46
			14	Si	硅	0.81	0.79
			13	Al	铝	0.55	0.51
19	W0637 柿蒂纽四乳四神铜镜	W0637	8	O	氧	59.33	47.35
			29	Cu	铜	5.19	16.45
			6	C	碳	24.95	14.95
			14	Si	硅	6.91	9.68
			82	Pb	铅	0.74	7.68
			13	Al	铝	2.88	3.88
20	W0638 星云连弧纹铜镜	W0638	8	O	氧	59.47	46.30
			6	C	碳	26.77	15.65
			29	Cu	铜	4.44	13.72
			82	Pb	铅	1.25	12.62
			14	Si	硅	6.26	8.55

序号	文物编号及名称	样品编号	元素序号	元素符号	元素名称	原子百分比	重量百分比
20	W0638 星云连弧纹铜镜	W0638	15	P	磷	0.88	1.33
			26	Fe	铁	0.28	0.75
			20	Ca	钙	0.35	0.68
			13	Al	铝	0.30	0.40
21	W0639 圆柱纽铜镜	W0639	8	O	氧	44.51	36.12
			29	Cu	铜	10.52	33.91
			6	C	碳	38.28	23.32
			7	N	氮	4.48	3.18
			16	S	硫	1.23	2.00
			14	Si	硅	0.37	0.53
			13	Al	铝	0.28	0.38
			15	P	磷	0.20	0.32
			20	Ca	钙	0.11	0.23
22	W0643 星云连弧纹铜镜	W0643	29	Cu	铜	18.21	40.16
			8	O	氧	45.06	25.02
			16	S	硫	13.08	14.55
			6	C	碳	17.54	7.31
			50	Sn	锡	0.90	3.70
			47	Ag	银	0.62	2.33
			43	Tc	锝	0.63	2.12
			14	Si	硅	1.93	1.88
			41	Nb	铌	0.33	1.07
			15	P	磷	0.93	1.00
			17	Cl	氯	0.43	0.53
			13	Al	铝	0.34	0.31
23	W0644 铜雕描金天王造像	W0644	79	Au	金	13.37	69.31
			6	C	碳	62.08	19.63
			8	O	氧	18.68	7.87
			7	N	氮	4.66	1.72
			47	Ag	银	0.19	0.53

序号	文物编号及名称	样品编号	元素序号	元素符号	元素名称	原子百分比	重量百分比
23	W0644 铜雕描金天王造像	W0644	14	Si	硅	0.39	0.29
			13	Al	铝	0.31	0.22
			29	Cu	铜	0.13	0.21
			20	Ca	钙	0.17	0.18
			30	Zn	锌	0.03	0.05
24	W0646 铜菩萨像	W0646	6	C	碳	54.08	43.42
			8	O	氧	35.80	38.28
			29	Cu	铜	1.29	5.50
			7	N	氮	4.65	4.36
			14	Si	硅	1.60	3.00
			13	Al	铝	0.87	1.56
			11	Na	钠	0.68	1.04
			30	Zn	锌	0.15	0.64
			26	Fe	铁	0.16	0.59
			20	Ca	钙	0.21	0.56
			19	K	钾	0.15	0.38
			12	Mg	镁	0.23	0.38
			16	S	硫	0.14	0.29
25	W0648 铜韦驮像	W0648	8	O	氧	52.84	45.92
			14	Si	硅	10.27	15.67
			6	C	碳	21.85	14.25
			13	Al	铝	4.63	6.79
			26	Fe	铁	2.03	6.15
			7	N	氮	4.30	3.27
			20	Ca	钙	1.03	2.23
			19	K	钾	0.89	1.89
			12	Mg	镁	0.98	1.29
			11	Na	钠	0.62	0.77
			29	Cu	铜	0.20	0.67
			16	S	硫	0.20	0.35

序号	文物编号及名称	样品编号	元素序号	元素符号	元素名称	原子百分比	重量百分比
25	W0648 铜韦驮像	W0648	22	Ti	钛	0.11	0.28
26	W0656 波曲纹蹄足铜鼎	W0656-1	82	Pb	铅	5.59	36.52
			8	O	氧	51.73	26.12
			29	Cu	铜	8.85	17.74
			6	C	碳	22.61	8.57
			14	Si	硅	6.72	5.96
			15	P	磷	1.92	1.87
			20	Ca	钙	0.92	1.17
			26	Fe	铁	0.64	1.14
			13	Al	铝	0.82	0.70
			17	Cl	氯	0.20	0.22
27	W0658 乳丁纹铜敦	W0658-1	8	O	氧	46.88	43.55
			6	C	碳	43.82	30.56
			26	Fe	铁	5.42	17.59
			29	Cu	铜	0.70	2.58
			14	Si	硅	1.38	2.25
			20	Ca	钙	0.63	1.46
			13	Al	铝	0.73	1.14
			16	S	硫	0.28	0.52
			19	K	钾	0.15	0.35
			12	Mg	镁	0.00	0.00
28	W0899-3 刀币	W0899-3-1	8	O	氧	49.44	30.68
			29	Cu	铜	10.18	25.08
			82	Pb	铅	2.39	19.20
			6	C	碳	25.21	11.74
			14	Si	硅	5.49	5.98
			13	Al	铝	2.47	2.59
			7	N	氮	2.97	1.61
			26	Fe	铁	0.69	1.49
			19	K	钾	0.60	0.92

序号	文物编号及名称	样品编号	元素序号	元素符号	元素名称	原子百分比	重量百分比
28	W0899-3 刀币	W0899-3-1	20	Ca	钙	0.30	0.46
			12	Mg	镁	0.26	0.24
29	W0899-5 刀币	W0899-5-1	8	O	氧	62.41	47.25
			29	Cu	铜	4.98	14.98
			14	Si	硅	8.11	10.78
			6	C	碳	16.41	9.33
			82	Pb	铅	0.94	9.19
			13	Al	铝	2.86	3.66
			19	K	钾	1.43	2.65
			7	N	氮	2.24	1.48
			11	Na	钠	0.60	0.66
30	W0899-5 刀币	W0899-5-1	8	O	氧	55.12	47.63
			6	C	碳	24.92	16.16
			14	Si	硅	8.52	12.92
			29	Cu	铜	2.57	8.84
			82	Pb	铅	0.35	3.93
			13	Al	铝	2.66	3.87
			7	N	氮	4.02	3.04
			26	Fe	铁	0.73	2.20
			11	Na	钠	0.73	0.90
			12	Mg	镁	0.39	0.51
31	W0899-10 刀币	W0899-10-2	8	O	氧	60.07	45.12
			29	Cu	铜	7.39	22.03
			6	C	碳	25.22	14.22
			82	Pb	铅	1.07	10.43
			14	Si	硅	5.30	6.99
			13	Al	铝	0.94	1.20
32	W0899-12 刀币	W0899-12-2	8	O	氧	52.46	36.78
			29	Cu	铜	10.48	29.19
			6	C	碳	24.28	12.78

序号	文物编号及名称	样品编号	元素序号	元素符号	元素名称	原子百分比	重量百分比
32	W0899-12 刀币	W0899-12-2	14	Si	硅	9.30	11.44
			82	Pb	铅	0.62	5.61
			13	Al	铝	2.07	2.45
			26	Fe	铁	0.52	1.28
			19	K	钾	0.27	0.46
33	W0899-13 刀币	W0899-13-2	8	O	氧	48.75	32.26
			29	Cu	铜	8.59	22.57
			82	Pb	铅	1.76	15.10
			6	C	碳	27.64	13.73
			14	Si	硅	9.34	10.85
			13	Al	铝	2.45	2.73
			26	Fe	铁	0.78	1.81
			19	K	钾	0.40	0.65
			12	Mg	镁	0.29	0.29
34	W0899-14 刀币	W0899-14-1	8	O	氧	70.84	43.22
			82	Pb	铅	2.56	20.25
			14	Si	硅	14.68	15.72
			29	Cu	铜	4.95	11.99
			13	Al	铝	4.51	4.64
			26	Fe	铁	1.37	2.92
			19	K	钾	0.45	0.67
			12	Mg	镁	0.63	0.58
35	W0899-14 刀币	W0899-14-2	8	O	氧	76.26	47.76
			29	Cu	铜	13.68	34.04
			82	Pb	铅	1.27	10.32
			14	Si	硅	5.22	5.74
			6	C	碳	2.77	1.30
			13	Al	铝	0.79	0.83
36	W0899-14 刀币	W0899-14-3	8	O	氧	59.59	41.21
			29	Cu	铜	8.37	22.98

序号	文物编号及名称	样品编号	元素序号	元素符号	元素名称	原子百分比	重量百分比
36	W0899-14 刀币	W0899-14-3	82	Pb	铅	1.99	17.78
			6	C	碳	26.50	13.76
			14	Si	硅	2.69	3.26
			13	Al	铝	0.87	1.01
37	W1016 见日之光铜镜	W1016	29	Cu	铜	25.29	47.98
			26	Fe	铁	7.75	12.92
			16	S	硫	13.48	12.90
			6	C	碳	33.20	11.90
			8	O	氧	16.36	7.81
			83	Bi	铋	0.60	3.75
			14	Si	硅	1.73	1.45
			13	Al	铝	1.58	1.27
38	W1511 弦纹双环耳铜盖豆	W1511	82	Pb	铅	23.12	79.62
			8	O	氧	43.39	11.54
			6	C	碳	29.88	5.97
			41	Nb	铌	0.66	1.01
			29	Cu	铜	0.74	0.79
			14	Si	硅	1.25	0.58
			13	Al	铝	0.71	0.32
			20	Ca	钙	0.25	0.17
39	W1514 弦纹双环耳铜盖豆	W1514	82	Pb	铅	19.40	77.49
			8	O	氧	47.32	14.59
			6	C	碳	32.54	7.53
			13	Al	铝	0.46	0.24
			14	Si	硅	0.28	0.15
40	W1786 铜带钩	W1786-1	82	Pb	铅	10.66	57.11
			8	O	氧	47.42	19.63
			29	Cu	铜	7.03	11.55
			6	C	碳	33.10	10.29
			15	P	磷	0.77	0.62

序号	文物编号及名称	样品编号	元素序号	元素符号	元素名称	原子百分比	重量百分比
40	W1786 铜带钩	W1786-1	13	Al	铝	0.40	0.28
			14	Si	硅	0.37	0.27
			20	Ca	钙	0.25	0.26
41	W1786 铜带钩	W1786-2	29	Cu	铜	13.24	39.55
			8	O	氧	51.26	38.54
			6	C	碳	29.51	16.66
			7	N	氮	4.28	2.82
			14	Si	硅	0.55	0.73
			13	Al	铝	0.55	0.70
			20	Ca	钙	0.28	0.52
			15	P	磷	0.20	0.29
			16	S	硫	0.12	0.18
42	W1786 铜带钩	W1786-3	29	Cu	铜	14.43	37.56
			8	O	氧	38.56	25.27
			6	C	碳	38.77	19.07
			82	Pb	铅	1.46	12.38
			7	N	氮	4.14	2.38
			15	P	磷	1.26	1.60
			13	Al	铝	0.59	0.65
			20	Ca	钙	0.35	0.58
			14	Si	硅	0.43	0.50
43	W1892 连弧纹昭明铜镜	W1892	82	Pb	铅	11.21	45.44
			29	Cu	铜	18.77	23.34
			8	O	氧	28.99	9.08
			50	Sn	锡	3.81	8.85
			16	S	硫	11.22	7.04
			6	C	碳	25.56	6.01
			14	Si	硅	0.23	0.13
			13	Al	铝	0.20	0.11

序号	文物编号及名称	样品编号	元素序号	元素符号	元素名称	原子百分比	重量百分比
44	W1894 连珠纹日光铜镜	W1894	29	Cu	铜	28.05	47.32
			26	Fe	铁	9.02	13.38
			82	Pb	铅	2.13	11.72
			6	C	碳	35.78	11.41
			16	S	硫	12.14	10.33
			8	O	氧	11.61	4.93
			13	Al	铝	0.67	0.48
			14	Si	硅	0.59	0.44
45	W1897 四乳四虺纹铜镜	W1897-3	8	O	氧	50.77	40.23
			29	Cu	铜	7.81	24.58
			6	C	碳	28.04	16.68
			14	Si	硅	11.69	16.26
			13	Al	铝	1.68	2.25
46	W1899 铺首衔环耳铜洗	W1899-1	82	Pb	铅	5.03	29.25
			50	Sn	锡	8.34	27.78
			8	O	氧	53.73	24.13
			6	C	碳	23.59	7.95
			29	Cu	铜	2.62	4.68
			15	P	磷	2.11	1.83
			26	Fe	铁	1.13	1.78
			13	Al	铝	1.74	1.32
			14	Si	硅	1.03	0.81
			12	Mg	镁	0.69	0.47
47	W1900 铺首衔环耳铜洗	W1900	29	Cu	铜	20.82	44.10
			26	Fe	铁	7.57	14.09
			16	S	硫	12.74	13.62
			6	C	碳	32.30	12.93
			8	O	氧	23.72	12.65
			14	Si	硅	1.45	1.36
			13	Al	铝	1.40	1.26

序号	文物编号及名称	样品编号	元素序号	元素符号	元素名称	原子百分比	重量百分比
48	W1903 铜带钩	W1903-1	29	Cu	铜	13.82	29.30
			16	S	硫	14.35	15.35
			6	C	碳	36.26	14.53
			26	Fe	铁	7.73	14.41
			47	Ag	银	3.65	13.14
			8	O	氧	23.23	12.40
49	W1904 铜镜刷	W1904	29	Cu	铜	19.26	40.15
			16	S	硫	17.62	18.53
			26	Fe	铁	9.51	17.43
			6	C	碳	35.95	14.16
			8	O	氧	16.47	8.64
			14	Si	硅	0.65	0.60
50	W1910 龟纽"吴渺容印"方形铜印	W1910	29	Cu	铜	19.52	44.61
			6	C	碳	36.39	15.72
			8	O	氧	24.32	13.99
			16	S	硫	11.18	12.90
			26	Fe	铁	4.18	8.40
			14	Si	硅	2.40	2.42
			13	Al	铝	2.01	1.95
51	Z0038 铜鼎	Z0038-2	82	Pb	铅	7.14	39.90
			8	O	氧	63.49	27.40
			29	Cu	铜	9.30	15.94
			50	Sn	锡	2.36	7.56
			6	C	碳	12.69	4.11
			26	Fe	铁	1.45	2.19
			15	P	磷	2.59	2.16
			14	Si	硅	0.98	0.74
52	Z0040 青铜鼎	Z0040-1	6	C	碳	66.37	59.10
			8	O	氧	32.91	39.04
			20	Ca	钙	0.34	1.02

序号	文物编号及名称	样品编号	元素序号	元素符号	元素名称	原子百分比	重量百分比
52	Z0040 青铜鼎	Z0040-1	16	S	硫	0.24	0.56
			14	Si	硅	0.07	0.14
			13	Al	铝	0.07	0.14
53	Z0040 青铜鼎	Z0040-3	8	O	氧	37.54	36.17
			6	C	碳	46.19	33.41
			29	Cu	铜	2.78	10.63
			14	Si	硅	3.03	5.13
			7	N	氮	6.07	5.12
			20	Ca	钙	1.12	2.71
			13	Al	铝	1.62	2.63
			26	Fe	铁	0.74	2.50
			19	K	钾	0.25	0.58
			16	S	硫	0.21	0.40
			12	Mg	镁	0.27	0.39
			15	P	磷	0.18	0.34
54	Z0040 青铜鼎	Z0040-4	8	O	氧	57.58	47.86
			29	Cu	铜	8.27	27.30
			6	C	碳	31.48	19.64
			26	Fe	铁	0.86	2.50
			14	Si	硅	0.84	1.22
			13	Al	铝	0.53	0.75
			16	S	硫	0.23	0.38
			15	P	磷	0.21	0.35
55	Z0040 青铜鼎	Z0294-5	8	O	氧	44.13	39.21
			6	C	碳	43.86	29.25
			82	Pb	铅	0.75	8.65
			14	Si	硅	4.33	6.75
			29	Cu	铜	1.61	5.67
			26	Fe	铁	1.30	4.03
			13	Al	铝	2.62	3.93

序号	文物编号及名称	样品编号	元素序号	元素符号	元素名称	原子百分比	重量百分比
55	Z0040 青铜鼎	Z0294-5	12	Mg	镁	0.50	0.68
			20	Ca	钙	0.30	0.66
			19	K	钾	0.29	0.62
			15	P	磷	0.33	0.56
56	Z0732 铜镜残片	Z0732	29	Cu	铜	39.01	69.57
			8	O	氧	40.22	18.06
			6	C	碳	17.02	5.74
			82	Pb	铅	0.46	2.69
			17	Cl	氯	1.98	1.97
			50	Sn	锡	0.35	1.16
			14	Si	硅	0.36	0.28
			13	Al	铝	0.35	0.27
			20	Ca	钙	0.24	0.27

分析结果如下。（图 2-11~2-15，表 2-5）

通过成分和物相分析，可以测定出这批青铜文物的主要腐蚀产物含下列主要物质：

（1）氯化物类：氯铜矿、副氯铜矿。在青铜器腐蚀产物中，以氯化物类危害最大，是分析的重点对象。

（2）碳酸盐类：铜的碳酸盐有孔雀石、蓝铜矿；铅的碳酸盐有白铅矿、水合白铅矿、碱式碳酸铅。碳酸盐是出土青铜器上丰度最大的腐蚀产物之一，应是土壤中可溶性碳酸盐与青铜器表面作用的结果。

（3）氧化物类：赤铜矿、氧化亚铜、二氧化锡。

（4）硫酸盐类：铜的硫酸盐有胆矾（水合硫酸铜）、硫酸亚铜，少量器物中检测到了硫酸铅。硫酸盐也是青铜器上的常见腐蚀产物，这与土壤中可溶性硫酸盐含量有关。

（5）有 3 件器物锈蚀产物为铁的氧化物，推测是青铜器上有铁的构件或埋藏环境中青铜器与铁质物品有非常紧密的接触造成的。

（6）样品表面硬结物的主要成分有石英、钾长石、钠长石、硅酸钙镁、碳酸钙镁、钙质钠长石、坡缕石、方解石、氯化钠、氯化钾等，这与青铜器的埋藏环境有关，大部分为黏土的主要成分。

（7）硫化物类：黄铜矿、辉铜矿、硫化铜锡、硫铁矿、辉银矿等，这是青铜器表面铜质矿化的结果，另外部分器物表面涂抹了硫化汞（朱砂）颜料。

（8）磷化物：磷酸铅、碱式磷酸铅。

（9）纹饰间的黑色物质主要为碳。

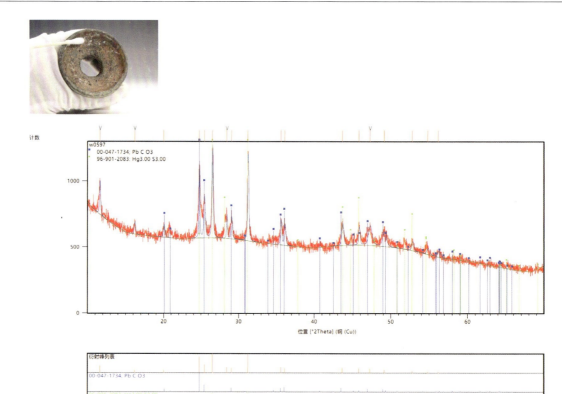

图 2-11　鎏金杯形铜漏孔器（W0597）取样点位置图、谱图

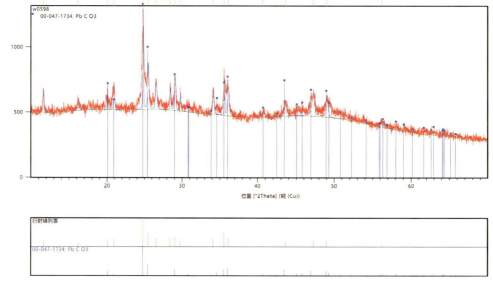

图 2-12　双环耳三足铜盖盉（W0598）取样点位置图、谱图

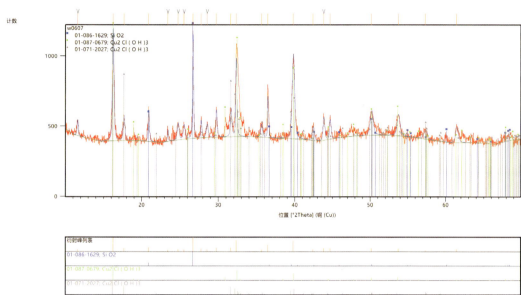

图 2-13　三官之水官铜造像（W0607）取样点位置图、谱图

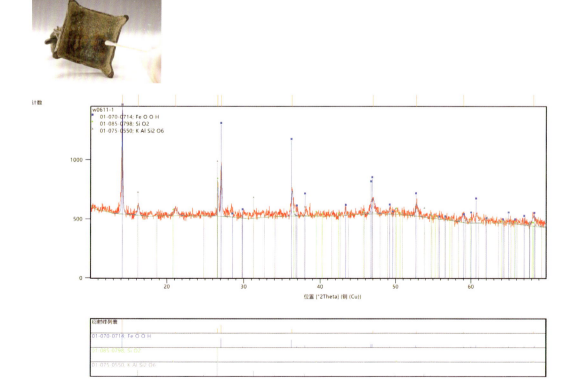

图 2-14　王灵官铜像（W0611）取样点位置图、谱图

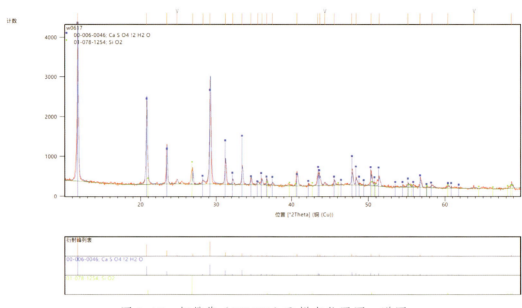

图 2-15　铜佛像（W0617）取样点位置图、谱图

（10）部分器物表面有后期人为处理痕迹，如表面涂抹了钛白粉、硫酸钡、石蜡、生石膏等。

铜的氧化物和碳酸铜盐都是稳定的矿化层。虽然有害氯化物检出数项不是很高，但仍不能掉以轻心。因为一旦条件适宜，这种有害锈蚀会继续发展，蔓延。

2.2.4　样品的有机质组分定性分析

为分析送检样品中是否含有有机组分，使用傅里叶显微红外光谱仪对部分样品进行检测。首先，在显微镜下分离送检样品，采用溴化钾压片法进行分析，从样品红外谱图吸收峰位得到如下结果（图 2-16~2-23）：

红外图谱显示，$3400cm^{-1}$ 区域可以看到 –OH 的伸缩振动峰，$2929\ cm^{-1}$ 附近 C–H 伸缩振动峰，$1621\ cm^{-1}$ 区域为木质素中共轭碳基和 C=C 伸缩振动的重叠吸收峰，$1400cm^{-1}$ 区域为纤维素与木质素中的 CH_2 弯曲振动，$1319\ cm^{-1}$ 处为木质素中 O–H 弯曲振动，$1115\ cm^{-1}$ 区域为纤维素中葡萄糖环中 C–O 醚键的伸缩振动。该样品主要成分为纤维素与木质素，经数据库比对，判断该样品可能为植物纤维。推断可能与埋藏环境中的植物物质接触所沾染。

红外图谱显示，$3400cm^{-1}$ 区域可以看到 –OH 的伸缩振动峰，$2929cm^{-1}$ 附近 C–H 伸缩振动峰，$1621cm^{-1}$ 区域为木质素中共轭碳基和 C=C 伸缩振动的重叠吸收峰，$1400cm^{-1}$ 区域为纤维素与木质素中的 CH_2 弯曲振动，1112、$1035cm^{-1}$ 处为纤维素中葡萄糖环中 C–O 醚键的伸缩振动。该样品主要成分为纤维素，但因矿化严重，峰位较弱，无法判断纤维种类。从外观判断，应是包裹器物的织物，

表 2-5　文物样品 X 射线衍射物相分析结果

序号	样品编号	器物名称	样品名称	定性结果	
1	W0566-1	窃曲纹铜鬲	足内绿色锈蚀	$CuCO_3 \cdot Cu(OH)_2$	碱式碳酸铜（孔雀石）
2	W0566-2		纹饰表面锈蚀	$Cu_4+2SO_4(OH)_6$、$Cu_2+2(CO_3)(OH)_2$、$Cu_2+2(OH)_3Cl$	水胆矾（水硫酸铜）、碱式碳酸铜（孔雀石）、碱式氯化铜（副氯铜矿）
3	W0566-3		纹饰间覆盖物	SiO_2、$CuCO_3 \cdot Cu(OH)_2$、$Na(AlSi_3O_8)$	石英、碱式碳酸铜（孔雀石）、钠长石
4	W0567	波曲纹铜鼎	腹部内硬结物	SiO_2、$(K,Na)(Al,Mg,Fe)_2(Si_{3.1}Al_{0.9})O_{10}(OH)_2$	石英、铝硅酸盐
5	W0569	铜戈	援脊绿色锈蚀	$CuCO_3 \cdot Cu(OH)_2$、SnO_2	碱式碳酸铜（孔雀石）、二氧化锡（锡石）
6	W0570	铜戈	绿色粉末状锈蚀	$Cu_2Cl(OH)_3$	碱式氯化铜（氯铜矿）
7	W0571-1	铜带钩	层状堆积	SiO_2、$CuCO_3Cu(OH)_2$	石英、碱式碳酸铜（孔雀石）
8	W0571-2		黑色覆盖物	SiO_2、$Na(AlSi_3O_8)$	石英、钠长石
9	W0572-1	铜带钩	表面硬结物	SiO_2、$Na(AlSi_3O_8)$	石英、钠长石
10	W0572-2		表面覆盖物	SiO_2	石英
11	W0573-1	铜带钩	表面硬结物	SiO_2、$Na(AlSi_3O_8)$、$KAlSi_3O_8$	石英、钠长石、钾长石
12	W0573-2		黑色硬结物	SiO_2、$Na(AlSi_3O_8)$	石英、钠长石
13	W0574-1	铜锛	表面硬结物	SiO_2、$Na(AlSi_3O_8)$	石英、钠长石
14	W0574-2		层状堆积	$2CuCO_3 \cdot Cu(OH)_2$、$PbCO_3$、SnO_2	碱式碳酸铜（孔雀石）、碳酸铅（白铅矿）、二氧化锡（锡石）
15	W0575-1	云雷纹铜鬲	红色覆盖物	Fe_2O_3、SiO_2、$BaSO_4$、$CaCO_3$	三氧化二铁（赤铁矿）、石英、硫酸钡、碳酸钙（方解石）
16	W0575-2		灰色覆盖物	TiO_2、$BaSO_4$	二氧化钛（钛白）、硫酸钡
17	W0575-3		表面硬结物	SiO_2、$Na(AlSi_3O_8)$	石英、钠长石
18	W0575-4		纹饰填彩	C、SiO_2、$Na(AlSi_3O_8)$、$KAlSi_3O_8$	碳、石英、钠长石、钾长石
19	W0576-1	窃曲纹铜鼎	腹内硬结物	C、$CaCO_3$、SiO_2	碳、碳酸钙（方解石）、石英
20	W0576-2		纹饰覆盖物	SiO_2	石英
21	W0577	乳丁纹双环耳铜舟	表面锈蚀	Cu_2O	氧化亚铜
22	W0579	铜镞	表面硬结物	SiO_2、$(Na,Ca)Al(Si,Al)_3O_8$、$Na(AlSi_3O_8)$	石英、钙质钠长石、钠长石
23	W0583	铜镞	表面硬结物	SiO_2、$Na(AlSi_3O_8)$	石英、钠长石
24	W0584	铜镞	侧翼层状堆积	SiO_2、$(Na,K)(Si_3Al)O_8$	石英、钠钾长石

序号	样品编号	器物名称	样品名称	定性结果	
25	W0585-1	螭龙纹铺首衔环铜熏壶	盖纹饰处层状堆积	SiO_2、$Pb_3(PO_4)_2$	石英、磷酸铅
26	W0585-2		斑状腐蚀	$PbCO_3$、SiO_2	碳酸铅（白铅矿）、石英
27	W0586-1	弦纹双环耳铜盖壶	盖层状堆积	$PbCO_3$	碳酸铅（白铅矿）
28	W0586-2		环缺失部位瘤状物	$FeO(OH)$	碱式氧化铁（针铁矿）
29	W0586-3		盖内黑色物质	$PbCO_3$	碳酸铅（白铅矿）
30	W0591-1	三蹄足铜盖壶	腹层状堆积	$CuCO_3 \cdot Cu(OH)_2$、Cu_2O、$PbCO_3$	碱式碳酸铜（孔雀石）、氧化亚铜、碳酸铅（白铅矿）
31	W0591-2		绿色锈蚀	$CuCO_3 \cdot Cu(OH)_2$、SiO_2	碱式碳酸铜（孔雀石）、石英
32	W0595	铺首衔环铜鋗	层状堆积	$PbCO_3$	碳酸铅（白铅矿）
33	W0597	鎏金杯形铜漏孔器	底部红色物质	HgS、$PbCO_3$	硫化汞（朱砂）、碳酸铅（白铅矿）
34	W0598	双环耳三足铜盖奁	层状堆积	$PbCO_3$	碳酸铅（白铅矿）
35	W0607	三官之水官铜造像	座后点腐蚀	SiO_2、$Cu_2Cl(OH)_3$、$Cu_2Cl(OH)_3$	石英、碱式氯化铜（氯铜矿、副氯铜矿）
36	W0609	铜像	内部黑色物质	SiO_2、$PbCO_3$	石英、碳酸铅（白铅矿）
37	W0611-1	王灵官铜像	底座覆盖物	$FeO(OH)$、SiO_2、$KAlSi_2O_6$	碱式氧化铁、石英、钾长石
38	W0611-2		腿部蜡状物	$(CH_2)x$	石蜡
39	W0615	韦陀铜像	底部锈蚀	SiO_2、Cu_2SO_4	石英、硫酸亚铜
40	W0617	铜佛像	座内白色物质	$CaSO_4 \cdot 2H_2O$、SiO_2	水合硫酸钙（生石膏）、石英
41	W0619-1	铜剑	表面覆盖物	SiO_2	石英
42	W0619-2		点腐蚀	Cu_2O、$PbCO_3$、$CuCl_2 \cdot 3Cu(OH)_2$	氧化亚铜（赤铜矿）、碳酸铅（白铅矿）、碱式氯化铜
43	W0621	铜剑	灰白色物质	SiO_2、$PbCO_3$	石英、碳酸铅（白铅矿）
44	W0622	铜剑	点腐蚀	$Cu_2Cl(OH)_3$、$Cu_2Cl(OH)_3$	碱式氯化铜（氯铜矿、副氯铜矿）
45	W0625	铜剑	表面锈蚀	$CaCO_3$、$CaSO_4 2H_2O$	碳酸钙（方解石）、水合硫酸钙（生石膏）
46	W0628	铜剑	表面覆盖物	SiO_2、$CuCO_3 Cu(OH)_2$、$PbCO_3$、$Na(AlSi_3O_8)$	石英、碱式碳酸铜（孔雀石）、碳酸铅（白铅矿）、钠长石
47	W0629	铜剑	表面锈蚀	SnO_2	二氧化锡（锡石）
48	W0630	铜剑	白色锈蚀	$PbCO_3$	碳酸铅（白铅矿）
49	W0632	铜剑	绿色锈蚀	$CuCO_3 \cdot Cu(OH)_2$、SiO_2	碱式碳酸铜（孔雀石）、石英

序号	样品编号	器物名称	样品名称	定性结果	
50	W0633	铜剑	表面覆盖物	SiO₂、Na(AlSi₃O₈)	石英、钠长石
51	W0635	铜戈	层状堆积	Cu₂O、SiO₂	氧化亚铜（赤铜矿）、石英
52	W0636	铜戈	绿色锈蚀	SiO₂、CuCO₃·Cu(OH)₂、(Ca,Na)(Si,Al)₄O₈	石英、碱式碳酸铜（孔雀石）、钙质钠长石
53	W0637	柿蒂纽四乳四神铜镜	纹饰处锈蚀	CuCO₃·Cu(OH)₂、SiO₂	碱式碳酸铜（孔雀石）、石英
54	W0638	星云连弧纹铜镜	表面硬结物	PbCO₃	碳酸铅（白铅矿）
55	W0639	圆柱纽铜镜	表面硬结物	Cu₃(OH)₂(CO₃)₂、CuSO₄(H₂O)₅	碱式碳酸铜（蓝铜矿）、胆矾（水合硫酸铜）
56	W0640	圆纽素面铜镜	表面硬结物	SiO₂、CuCO₃·Cu(OH)₂	石英、碱式碳酸铜（孔雀石）
57	W0645	铜菩萨像	座底黑色物质	PbCO₃、CuCl	碳酸铅（白铅矿）、氯化亚铜
58	W0647	铜菩萨像	座内硬结物	SiO₂、Na(AlSi₃O₈)	石英、钠长石
59	W0648	铜韦驮像	座下黑色物质	SiO₂、(Na,Ca)Al(Si,Al)₃O₈	石英、钙质钠长石
60	W0651-1	双环耳铜豆	表面覆盖物	SiO₂	石英
61	W0653	铺首衔环耳铜鋗	表面锈蚀	CuCO₃·Cu(OH)₂	碱式碳酸铜（孔雀石）
62	W0656-1	波曲纹蹄足铜鼎	纹饰白色硬结物	Pb₂SiO₄、C、PbCO₃、Pb₅(PO₄)₃(OH)	硅酸铅、碳、碳酸铅（白铅矿）、碱式磷酸铅
63	W0656-2		纹饰遮盖硬结物	SiO₂、(K,Na)Al₂(Si,Al)₄O₁₀(OH)₂	石英、白云母
64	W0656-3		表面硬结物	SiO₂、Na(AlSi₂O₆)、KAlSi₃O₈	石英、钠长石、钾长石
65	W0658-1	乳丁纹铜敦	口沿红色锈蚀	Pb₂(SO₄)O	硫酸铅
66	W0658-2		乳丁处覆盖物	SiO₂、CuCO₃·Cu(OH)₂、KAl₂Si₃AlO₁₀(OH)₂	石英、碱式碳酸铜（孔雀石）、白云母
67	W0661-1	铜熨斗	表面覆盖物	Na(AlSi₃O₈)、SiO₂	钠长石、石英
68	W0661-2		表面覆盖物	SiO₂、Cu₂SO₄	石英、硫酸亚铜
69	W0899-1-2	刀币	白色残留物质	2PbCO₃Pb(OH)₂、PbCO₃	碱式碳酸铅（铅白）、碳酸铅（白铅矿）
70	W0899-2-1	刀币	表面硬结物	SiO₂、Na(AlSi₃O₈)	石英、钠长石
71	W0899-2-2		侧面硬结物	SiO₂、KAlSi₃O₈、PbCO₃	石英、钾长石、碳酸铅
72	W0899-3-1	刀币	表面硬结物	PbCO₃、SiO₂、CuCO₃·Cu(OH)₂、(Na,Ca)Al(Si,Al)₃O₈	碳酸铅（白铅矿）、石英、碱式碳酸铜（孔雀石）、钙质钠长石
73	W0899-3-2		纹饰间硬结物	SiO₂、Na(AlSi₃O₈)、KAlSi₃O₈	石英、钠长石、钾长石

序号	样品编号	器物名称	样品名称	定性结果	
74	W0899-4-1	刀币	表面硬结物	SiO_2、$Ca(Al_2Si_2O_8)$	石英、钙长石
75	W0899-4-2		表面硬结物	$PbCO_3$、$CuCO_3 \cdot Cu(OH)_2$	碳酸铅（白铅矿）、碱式碳酸铜（孔雀石）
76	W0899-5-2	刀币	蓝色锈蚀	$2CuCO_3 \cdot Cu(OH)_2$	碱式碳酸铜（蓝铜矿）
77	W0899-5-3		表面硬结物	$CuCO_3 \cdot Cu(OH)_2$、SiO_2、$PbCO_3$、$KAlSi_3O_8$	碱式碳酸铜（孔雀石）、石英、碳酸铅（白铅矿）、钾长石
78	W0899-6-1		表面硬结物	SiO_2、$Na(AlSi_3O_8)$、$KAlSi_3O_8$	石英、钠长石、钾长石
79	W0899-6-2	刀币	蓝绿色锈蚀	$CuCO_3 \cdot Cu(OH)_2$、$2CuCO_3 \cdot Cu(OH)_2$、SiO_2、$(Na,Ca)Al(Si,Al)_3O_8$	碱式碳酸铜（孔雀石、蓝铜矿）、石英、钙质钠长石
80	W0899-6-3		表面硬结物	$CuCO_3 \cdot Cu(OH)_2$、SiO_2、$PbCO_3$	碱式碳酸铜（孔雀石）、石英、碳酸铅（白铅矿）
81	W0899-7-1		表面硬结物	SiO_2、$NaKAl_8(Si,Al)_{16}O_{40}(OH)_8 \cdot 2H_2O$	石英、云母间蒙脱石
82	W0899-7-2	刀币	黑色硬结物	SiO_2、$Na(AlSi_3O_8)$、$PbCO_3$	石英、钠长石、碳酸铅（白铅矿）
83	W0899-7-3		绿色锈蚀	$PbCO_3$、$CuCO_3 \cdot Cu(OH)_2$	碳酸铅（白铅矿）、碱式碳酸铜（孔雀石）
84	W0899-8	刀币	表面硬结物	SiO_2	石英
85	W0899-9-1	刀币	表面硬结物	SiO_2	石英
86	W0899-9-2		块状硬结物	SiO_2、$Na(AlSi_3O_8)$	石英、钠长石
87	W0899-10-1	刀币	表面硬结物	Cu_2O、SiO_2、$Na(AlSi_3O_8)$、$KAlSi_3O_8$	氧化亚铜、石英、钠长石、钾长石
88	W0899-10-2		绿色锈蚀	SiO_2、$CuCO_3 \cdot Cu(OH)_2$、$PbCO_3$	石英、碱式碳酸铜（孔雀石）、碳酸铅（白铅矿）
89	W0899-11-1	刀币	表面硬结物	SiO_2、$PbCO_3$	石英、碳酸铅（白铅矿）
90	W0899-11-2		块状硬结物	SiO_2、$Na(AlSi_3O_8)$	石英、钠长石
91	W0899-12-1	刀币	表面硬结物	SiO_2、$2PbCO_3Pb(OH)_2$	石英、碱式碳酸铅
92	W0899-12-2		表面瘤状物	SiO_2、$CuCO_3 \cdot Cu(OH)_2$、$(Ca_{0.79}Fe_{0.21})SiO_3$	石英、碱式碳酸铜（孔雀石）、铁钙蔷薇辉石
93	W0899-13-1	刀币	表面硬结物	SiO_2、$Mg_5(Si_4O_{10})_2(OH)_2(H_2O)_8$	石英、坡缕石
94	W0899-13-2		黑色硬结物	SiO_2、$KAlSi_3O_8$、$Na(AlSi_3O_8)$	石英、钾长石、钠长石
95	W0899-14-1	刀币	表面硬结物	SiO_2、$Na(AlSi_3O_8)$、$KAlSi_3O_8$、$PbCO_3$	石英、钠长石、钾长石、碳酸铅（白铅矿）
96	W0899-14-2		表面硬结物	$CuCO_3 \cdot Cu(OH)_2$、$Cu_2(OH)_3Cl$	碱式碳酸铜（孔雀石），碱式氯化铜（氯铜矿）
97	W0899-14-3		蓝色锈蚀	$PbCO_3$、$Cu_3(OH)_2(CO_3)_2$、SiO_2、$KAlSi_3O_8$	碳酸铅（白铅矿）、碱式碳酸铜（蓝铜矿）、石英、钾长石

序号	样品编号	器物名称	样品名称	定性结果	
98	W0899-15-1	刀币	表面硬结物	SiO_2	石英
99	W0899-15-2		黑色硬结物	SiO_2、$Na(AlSi_3O_8)$	石英、钠长石
100	W1016	见日之光铜镜	边缘黑色锈蚀	$CuFeS_2$、FeS	硫化铜铁（黄铜矿）、硫化铁（硫铁矿）
101	W1026	单弦纹铜镜	表面锈蚀	$PbCO_3$	碳酸铅（白铅矿）
102	W1509-1	双附耳三足铜鼎	腹内瘤状物	$Cu_3(OH)_2(CO_3)_2$、$CaMg(CO_3)_2$	碱式碳酸铜（蓝铜矿）、白云石
103	W1509-2		白色覆盖物	$PbCO_3$、SiO_2	碳酸铅（白铅矿）、石英
104	W1510	双附耳三足铜鼎	表面硬结物	SiO_2、$PbCO_3$、$CuCl$	石英、碳酸铅（白铅矿）、氯化亚铜
105	W1511	弦纹双环耳铜盖豆	腹与足连接处白色物质	$PbCO_3$、SiO_2	碳酸铅（白铅矿）、石英
106	W1512	弦纹双环耳铜盖豆	盖内绿色锈蚀	$CuCO_3 \cdot Cu(OH)_2$、SiO_2	碱式碳酸铜（孔雀石）、石英
107	W1514	弦纹双环耳铜盖豆	足部白色物质	$PbCO_3$	碳酸铅（白铅矿）
108	W1515	双环耳铜壶	白色沉积物	$PbCO_3$、Cu_2O、SiO_2、CuO	碳酸铅（白铅矿）、氧化亚铜（赤铜矿）、石英、氧化铜
109	W1598	单弦纹铜镜	镜面白色物	$CaCO_3$、$CaMg(CO_3)_2$、$MgCO_3$	碳酸钙（方解石）、碳酸钙镁（白云石）、碳酸镁（菱镁矿）
110	W1786-1	铜带钩	浅绿色锈蚀	$PbCO_3$、$CuCO_3 \cdot Cu(OH)_2$、SiO_2、$Ca_{10}(PO_4)_3(CO_3)_3(OH)_2$	碳酸铅（白铅矿）、碱式碳酸铜（孔雀石）、石英、碳酸羟基磷灰石
111	W1786-2		绿色锈蚀	$CuCO_3 \cdot Cu(OH)_2$、SiO_2	碱式碳酸铜（孔雀石）、石英
112	W1786-3		绿色锈蚀	$CuCO_3 \cdot Cu(OH)_2$、Pb_2O_3	碱式碳酸铜（孔雀石）、三氧化二铅
113	W1787	素面铜镜	背面白色物质	$CaCO_3$、$CuCO_3 \cdot Cu(OH)_2$、SiO_2	碳酸钙（方解石）、碱式碳酸铜（孔雀石）、石英
114	W1892-1	连弧纹昭明铜镜	镜面硬结物	$PbCO_3$、Cu_2SnS_3、SiO_2	碳酸铅（白铅矿）、硫化铜锡、石英
115	W1894-1	连珠纹日光铜镜	镜面覆盖物	$CuFeS_2$、$PbCO_3$、C、Cu_2S、$Cu_{351.99}Fe_{70.41}S_{256.00}$	硫化铜铁（黄铜矿）、碳酸铅（白铅矿）、碳、硫化亚铜（辉铜矿）、斑铜矿
116	W1897-1	四乳四虺纹铜镜	粉末状锈蚀	$Cu_2Cl(OH)_3$	碱式氯化铜（氯铜矿）
117	W1897-2		绿色锈蚀	$CuCO_3 \cdot Cu(OH)_2$	碱式碳酸铜（孔雀石）
118	W1897-3		表面覆盖物	$CuCO_3 \cdot Cu(OH)_2$、$Na(AlSi_3O_8)$、SiO_2	碱式碳酸铜（孔雀石）、石英、钠长石
119	W1899-1	铺首衔环耳铜洗	錎内黑色物质	C、$Pb_5(PO_4)_3OH$、SnO_2	碳、碱式磷酸铅、二氧化锡（锡石）

序号	样品编号	器物名称	样品名称	定性结果	
120	W1899-2	铺首衔环耳铜洗	锔内黑色物质	Cu_2O、Cu_2S、Cu	氧化亚铜（赤铜矿），硫化亚铜（辉铜矿）、铜
121	W1900-1	铺首衔环耳铜洗	织物残留	$CuCl$、$CuFeS_2$	氯化铜、硫化铜铁（黄铜矿）
122	W1900-2		纹饰覆盖	$PbCO_3$	碳酸铅（白铅矿）
123	W1901-1	铜席镇	底部硬结物	$PbCO_3$、$PbSO_4$	碳酸铅（白铅矿）、硫酸铅（硫酸铅矿）
124	W1901-2		表面覆盖物	$PbCO_3$、Cu_2O、SiO_2	碳酸铅（白铅矿）、氧化亚铜（赤铜矿）、石英
125	W1903	铜带钩	表面黑色结壳	$CuFeS_2$、Cu_8S_5、C、$CuAgS$、$PbCO_3$	黄铜矿、吉硫铜矿、碳、辉铜银矿、碳酸铅（白铅矿）
126	W1904	铜镜刷	表面覆盖物	$PbCO_3$、PbS、$CaAl_2Si_3O_{10}\cdot6H_2O$	碳酸铅（白铅矿）、硫化铅（方铅矿）、刃沸石
127	W1910	龟纽"吴渺容印"方形铜印	表面黑色物质	SiO_2、Cu_5FeS_4、Cu_2S	石英、斑铜矿、硫化亚铜（辉铜矿）
128	Z0038-1	铜鼎	耳内范土	SiO_2、$(Na,Ca)Al(Si,Al)_3O_8$、$PbCO_3$	石英、钙质钠长石、碳酸铅（白铅矿）
129	Z0038-2		纹饰间覆盖物	$PbCO_3$、SiO_2、$Na(AlSi_3O_8)$	碳酸铅（白铅矿）、石英、钠长石
130	Z0039	青铜剑	表面锈蚀	SnO_2	二氧化锡（锡石）
131	Z0040-1	青铜鼎	表面红色附着物	SiO_2、$PbCO_3$、$(Ba_{0.69}Pb_{0.31})(SO_4)$	石英、碳酸铅（白铅矿）、硫酸铅钡
132	Z0040-2		混合锈蚀	$Cu_3(OH)_2(CO_3)_2CuCO_3\cdot Cu(OH)_2$	碱式碳酸铜（蓝铜矿、孔雀石）
133	Z0040-3		黑绿锈蚀	SiO_2、$2CuCO_3\cdot Cu(OH)_2$、$CuCO_3\cdot Cu(OH)_2$、$MgSiO_3$	石英、碱式碳酸铜（孔雀石、蓝铜矿）、硅酸镁（顽火辉石）
134	Z0040-4		浅绿色锈蚀	$CuCO_3\cdot Cu(OH)_2$	碱式碳酸铜（孔雀石）
135	Z0294-1	钱坨	表面覆盖物	SiO_2、$Na(AlSi_3O_8)$	石英、钠长石
136	Z0294-2		表面覆盖物	SiO_2、$Ca(Al_2Si_2O_8)$	石英、钙长石
137	Z0294-3		表面覆盖物	SiO_2、$Ca(Fe^{+2},Mg)(CO_3)_2$、$(Na,Ca)Al(Si,Al)_3O_8$	石英、白云石、钙质钠长石
138	Z0294-4		锈蚀	Cu_2O、CuO、SiO_2	氧化亚铜（赤铜矿）、氧化铜、石英
139	Z0294-5		串绳	SiO_2、$Na(AlSi_3O_8)$	石英、钠长石
140	Z0294-6		白色物质	$CaCO_3$、SiO_2、$Ca(Al_2Si_2O_8)$	碳酸钙（方解石）、石英、钙长石
141	Z0472	连弧纹铜镜残片	点腐蚀	$Cu_2(OH)_3Cl$	碱式氯化铜（副氯铜矿）
142	Z0732	铜镜残片	表面锈蚀	CuO、Cu_2O、$PbCO_3$	氧化铜、氧化亚铜、碳酸铅

图 2-16　乳丁纹铜敦（W0658-1）口沿红色样品

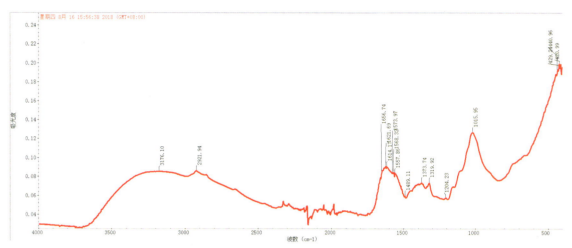

图 2-17　乳丁纹铜敦（W0658-1）口沿红色样品红外图谱

图 2-18　铺首衔环耳铜洗（W1900-1）织物残留样品

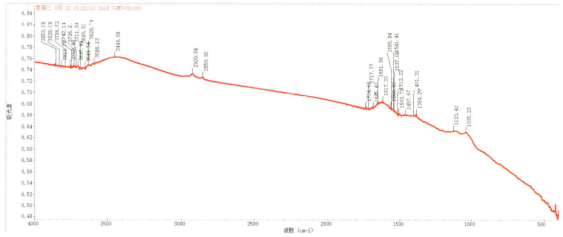

图 2-19　铺首衔环耳铜洗（W1900-1）织物残留样品红外图谱

图 2-20　青铜鼎（Z0040-1）红色漆样品

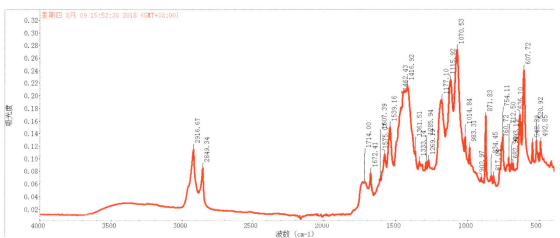

图 2-21　青铜鼎（Z0040-1）红色漆样品红外图谱

图 2-22　铜钱串绳（Z0294-5）样品

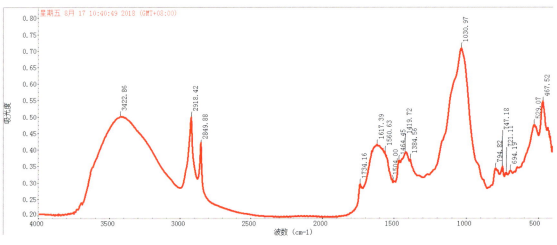

图 2-23　铜钱串绳（Z0294-5）样品红外图谱

组织结构为平纹。

红外图谱显示，在 3440、2916、2849、1714、1672、1416、1268 和 1077cm^{-1} 出现的吸收峰与漆酚（生漆的主要成分之一）的红外特征吸收峰十分相似，所归属的官能团包括 O–H（漆酚苯环上的羟基），–CH$_2$（漆酚侧链上的亚甲基），C=O（漆酚氧化后生成的酮基），C=C（苯环中的碳 – 碳主链）和 C–O（苯环上的碳 – 氧键），从而判断该样品主要成分为大漆。青铜鼎（Z0040）表面的红色大漆应为前人修复时使用的胶粘剂，可以去除。

红外图谱显示，3423cm^{-1} 区域可以看到 –OH 的伸缩振动峰，2917 cm^{-1} 附近 C–H 伸缩振动峰，1617cm^{-1} 区域为木质素中共轭碳基和 C=C 伸缩振动的重叠吸收峰，1415cm^{-1} 区域为纤维素与木质素中的 CH$_2$ 弯曲振动， 1034cm^{-1} 区域为纤维素中葡萄糖环中 C–O 醚键的伸缩振动。在 1734cm^{-1} 处有半纤维素与木质素中的共轭羟基伸缩振动峰，这是麻纤维的特征峰，判断该样品主要成分为麻。铜钱串绳样品的测定证明钱币串联是使用加捻的麻纤维。

2.2.5　X 光成像观察文物特征

X 光成像是一种无损检测技术，可以观察到文物表面和内部诸如铭文、纹饰、铸造垫片等多种制造工艺情况，文物修复前腐蚀情况，文物曾经修复情况，修复后文物内部的补配、加固情况等。检测结果可以作为针对性修复的重要参考依据，同时也对器物铸造、加工、修饰等工艺信息的考古研究具有重要意义。本次针对 86 件（套）金属文物进行 X 光成像检测。

1. 文物制作工艺信息观察

（1）单范铸造的器物（图 2-24~2-27）

铜剑（W0625）和四乳四蟠螭纹铜镜（W1887）属于单范浇筑的实心器物。从 X 光照片观察，

图 2-24　铜 剑（W0625）修复前状态与 X 光照片

图 2-25　四乳四蟠螭纹铜镜（W1887）修复后与 X 光照片

图 2-26　铜席镇（W1901）修复前状态与 X 光照片

图 2-27　铜席镇（W1902）修复前状态与 X 光照片

这两件器物质地紧密，表明浇筑时的混合铜质液体较为均匀，冷却过程也比较平稳，没有出现局部收缩不均的现象。

铜席镇（W1901）的铜鸟颈部、尾部与身体连接处有发白现象，这表明此处的材质与器物本体不同，可能因铸造缺陷，后期人为补铸导致。铜席镇（W1902）的铜鸟颈部、脚部均有不同程度的灰白色区域，这可能是因器物铸造缺陷所导致的内部腐蚀所致。

（2）内模外范铸造的器物

① 泥质芯撑

泥质芯撑是指在内范上制作出一些凸起的三角锥形泥质支脚，用以控制外范与内范之间的距离，以保持内范不偏移和控制青铜器壁厚。泥芯的使用，大都选择在器物的腿部及耳部等隐藏处，不但可以减少铸造缺陷，而且可以减少铜的用量。泥芯在器物铸成后，由于被铜包裹住，在外表看不见，故称其为盲芯。

双附耳三足铜鼎（W1509）和双附耳三足铜鼎（W1510）的 X 光片可以看出足部有内范，内范中间的黑色小区域为泥质芯撑的位置，形状为不规则小长方形和三角形，可以判断是盲芯。（图2-28、2-29）

② 铜质垫片

空心的青铜容器如鬲、壶及铜等一些薄壁容器，需要采用内范和外范合范后才能铸成。在铸造时，铜质垫片是用来调节器壁厚度，保证内、外范之间的间隙均匀，垫片合金成分熔点较高，厚度与器物壁厚接近，大多成方形、菱形或三角形。

窃曲纹铜鬲（W0566）的 X 光照片可以看出器物底部的铜质垫片分布情况，形状多为不规则四边形或五边形。铺首衔环耳铜洗（W1900）的 X 光照片可以看出，器物侧壁有不均匀分布的若干垫片，形状多为规则四边形。以上两件器物的铜质垫片在浇铸时被铜水包裹，肉眼无法识别，通过 X 光成像可以清楚地了解其内部结构，进而分析其铸造工艺。（图2-30、2-31）

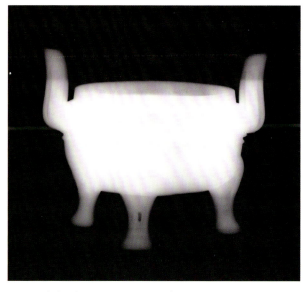

图 2-28　双附耳三足铜鼎（W1509）修复前状态与 X 光照片

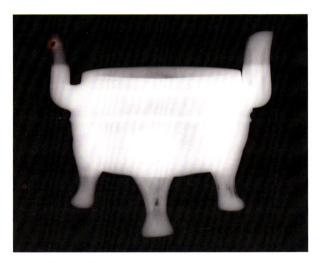

图 2-29　双附耳三足铜鼎（W1510）修复前状态与 X 光照片

图 2-30　窃曲纹铜鬲（W0566）修复前状态与 X 光照片

图 2-31　铺首衔环耳铜洗（W1900）修复前状态与 X 光照片

③ 范线

　　目前，考古研究发现周代以前的青铜器皆由传统范铸技术铸造，器物上会保留范线、范缝等铸造特征。但是，不同时期的青铜器，铸造的方式方法会有差别，所产生的范线、范缝的工艺特征也不尽相同。

汉铺首衔环铜鍴（W0595）是圆形对称器物，底圈只有一条范线，未经打磨。腹部的范线均已打磨平整。西周窃曲纹铜鼎（W0576）腹底部有三条具有一定弧度的范线，应为铸造时铜液从泥质范块间隙渗出，形成凸起线条，成器后未经磨平处理。战国双附耳三足铜鼎（W1509）的腹底部只有一条范线，位于腹圆底部的中间。同样是圆腹鼎形器，但它与西周窃曲纹铜鼎（W0576）的范铸工艺有所不同，底部少一组范块，这将导致整个器物的内、外范块数量和大小产生变化。（图 2-32~2-34）

④ 铸造气孔和缩孔

古代青铜器在铸造过程中，由于铜液的流淌有快慢，冷却过程容易产生不均匀，从而导致产生气孔或缩孔铸造缺陷。这些孔洞大多数隐藏在器物内部，很难从器物的表面发现。

窃曲纹铜鼎（W0576）的腹部和双环耳三足铜盖盉（W0598）的盖部在 X 光影像中显示出许多黑色的小圆孔，应为铸造时产生的缩孔。推测铜液凝固收缩时，器壁或盉盖较薄处先凝固，阻塞了铜液流动的通道，导致后凝固处继续冷却收缩时不能获得铜液补充，出现空气囊包，形成缩孔。（图 2-35、32-6）

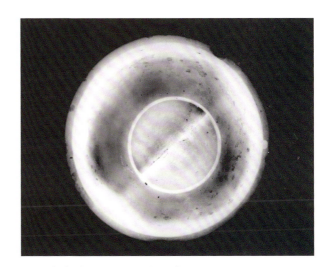

图 2-32　铺首衔环铜鍴（W0595）修复前状态与 X 光照片

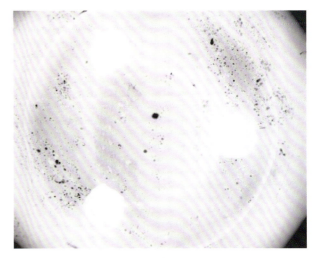

图 2-33　窃曲纹铜鼎（W0576）修复前状态与 X 光照片

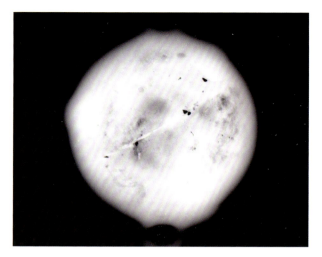

图 2-34　双附耳三足铜鼎（W1509）修复前状态与 X 光照片

图 2-35　窃曲纹铜鼎（W0576）修复前状态与 X 光照片

图 2-36　双环耳三足铜盖盉（W0598）修复前状态与 X 光照片

2. 金属文物修饰工艺观察

由于文物长期在各种埋藏环境中遭受侵蚀，金属成分极易产生腐蚀，导致出土文物大多产生锈蚀或发生矿化，从而影响铭文和纹饰的辨识。这对文物保护修复和相关研究会造成一定阻碍，通过 X 光成像技术可以有效地识别肉眼无法直接观察到的信息。

（1）器物铭文观察（图 2-37、2-38）

由于表面受到侵蚀，圆柱纽铜镜（W0639）的铭文被大量锈蚀物覆盖，无法辨识，为修复工作带来较大困难。乳丁纹铜敦（W0658）内部的铭文也因铜质本体发生腐蚀，导致铭文无法识读。通过 X 光成像能够清楚显示出铭文的位置和内容信息，这为清理修复和文字研究提供了帮助。

（2）器物纹饰图案观察（图 2-39~2-41）

因为表面存在的锈蚀和硬结物，导致画像纹铜镜（W0601）、四乳四虺纹铜镜（W1897）和镶玉铜牌饰（W1784）的纹饰模糊不清。通过 X 光成像，可以较清晰地辨别图案轮廓，也可在去除锈蚀时避免伤害纹饰信息。

 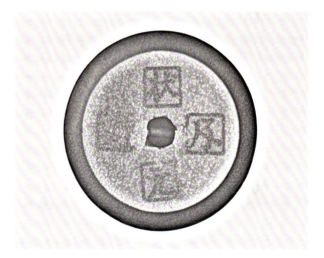

图 2-37　圆柱纽铜镜（W0639）清理前状态与 X 光照片

图 2-38　乳丁纹铜敦（W0658）修复前状态与 X 光照片

图 2-39　画像纹铜镜（W0601）清理前状态与 X 光照片

图 2-40　四乳四虺纹铜镜（W1897）清理前状态与 X 光照片

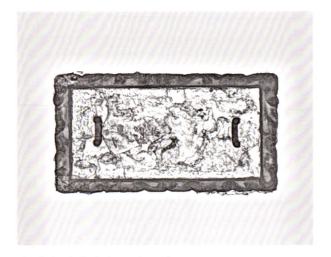

图 2-41　镶玉铜牌饰（W1784）修复前状态与 X 光照片

3. 文物保存状况分析

由于在流传过程中金属文物基体易遭受多种侵蚀，例如化学、电化学反应或生物作用等，其内部会产生较为复杂的腐蚀变化，一般无法直接观察到这些变化表征。通过 X 光成像可以对修复前的金属文物保存状况进行调查分析，较深入地了解文物病害情况。

青铜文物腐蚀矿化的部位质地疏松，密度低，X 射线易穿透。同一器物壁厚相似的部位，矿化程度越高，X 射线透过率越高，成像与底片颜色越接近。同时，由于青铜基体腐蚀情况不同，通过 X 光影像表现出的成像效果也不一样。根据检测结果，主要表现形式有以下几种：

（1）青铜基体不均匀腐蚀（图 2-42、2-43）

云雷纹铜鬲（W0575）腹内底部和三蹄足铜盖壶（W0591）盖部，从外观上看厚度比较均匀，无显著的局部腐蚀现象。但通过 X 光影像可以看出，图像中有不同的亮暗区域，即亮区和暗区。部分暗区散布有不规则黑色圆形斑点，表明金属基体腐蚀较为严重。暗区说明该部分金属基体已产生腐蚀，亮区说明腐蚀程度最低，金属材质腐蚀呈现出的差异，形成了不均匀腐蚀。

 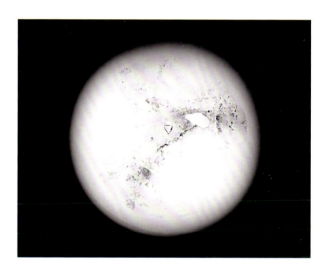

图 2-42　云雷纹铜鬲（W0575）修复前状态与 X 光照片

 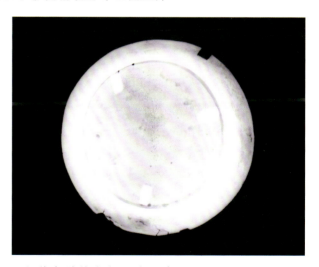

图 2-43　三蹄足铜盖壶（W0591）修复前状态与 X 光照片

（2）青铜基体点腐蚀（图2-44、2-45）

从外观看，波曲纹铜鼎（W0567）腹内侧和双环耳三足铜盖奁（W0598）外壁局部有凹坑状的点腐蚀迹象。在X光影像中腐蚀部位呈现出不规则的圆形黑点，类似纸张中的虫噬孔洞，大小形状不尽相同。

（3）青铜基体裂隙变形（图2-46、2-47）

在X光影像中，波曲纹铜鼎（W0567）底部和乳丁纹双环耳铜舟（W0577）口沿，因受到挤压变形而形成裂缝，在保存环境冷热交替、湿度高低变化过程中，裂缝的前端缝隙会发生热胀冷缩产生变形，属于继发性病害。

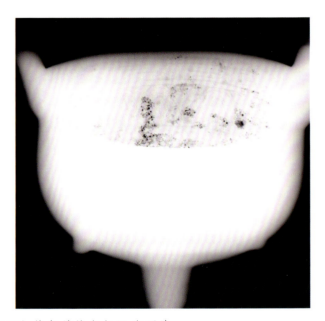

图2-44　波曲纹铜鼎（W0567）修复前状态与X光照片

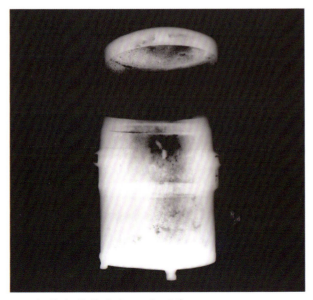

图2-45　双环耳三足铜盖奁（W0598）修复前状态与X光照片

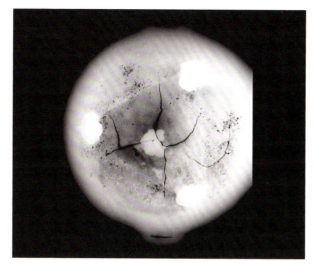

图 2-46 波曲纹铜鼎（W0567）修复前状态与 X 光照片

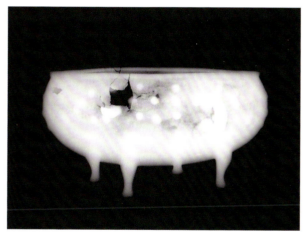

图 2-47 乳丁纹双环耳铜舟（W0577）修复前状态与 X 光照片

（4）内部铜质垫片的腐蚀（图 2-48、2-49）

通过 X 光影像可以看出，双附耳三足铜鼎（W1510）底部和铺首衔环耳铜洗（W1899）底部铸造时添加的铜质垫片周围有数量不等的黑色小圆点，这是因为垫片凹槽处有空气，浇铸时铜液连同空气一起包裹起来，所以一部分黑色小圆点边界明显，应属于气孔。但另外一部分黑色小圆点的边界已出现了漫漶不清的现象，这是铸造缺陷气孔所造成的腐蚀表征，是点腐蚀的诱因。点状腐蚀一般沿重力方向开始发生，所以器物底部比边缘易于发生腐蚀。如果继续发展，它会连带周围的金属基体发生腐蚀。

（5）器物内部的暗裂纹（图 2-50、2-51）

修复前，弦纹双环耳铜盖豆（W1512）腹部和双环耳铜壶（W1515）肩部被锈蚀物和沉积物等遮盖较为严密，无法直接观察到铜体情况。通过 X 光影像发现，其中暗含有较多的细小裂隙，形成不规则的暗裂纹，推测弦纹双环耳铜盖豆是因自身重力应力造成承重连接处产生裂隙；双环耳铜壶是因外部挤压造成的裂隙，它们都属于继发性病害。

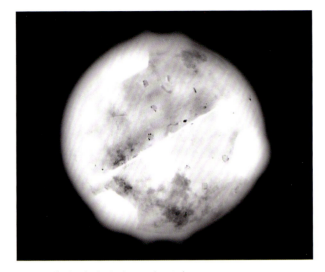

图 2-48   双附耳三足铜鼎（W1510）修复前状态与 X 光照片

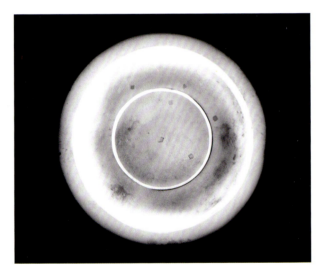

图 2-49   铺首衔环耳铜洗（W1899）修复前状态与 X 光照片

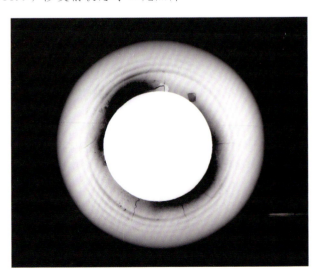

图 2-50   弦纹双环耳铜盖豆（W1512）修复前状态与 X 光照片

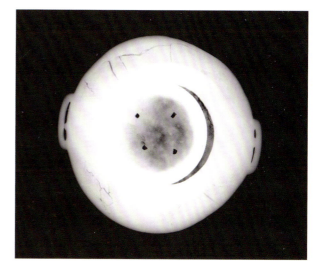

图 2-51　双环耳铜壶（W1515）修复前状态与 X 光照片

4. 文物修复情况观察

青铜器经过修复做旧后，从外观无法直接确定修复部位和修复情况。X 光成像技术可以显示出修复的痕迹，进而判断修复所使用的方法和材料，为修复档案的建立提供翔实资料。

（1）青铜文物焊接、粘接情况（图 2-52~2-55）

锡焊是一种古代青铜器传统修复技艺，它的主要作用是通过熔化、冷却、凝固等物理过程将青铜碎片连接起来。具体焊接方式有点焊、连续焊、扒钉焊、加芯焊等种类。

弦纹双环耳铜盖豆（W1514）修复前，腹部与立柱完全脱离，分离部位是受力较大的区域，所以需要使用锡焊加强连接强度。先使用点焊将焊件连接起来，点焊部位受力集中，连接处不能持久受力，紧接着使用连续焊将整个断裂缝焊接起来。这种方法是沿着青铜盖豆原有的断裂方向进行焊接操作，X 光照片呈现出焊缝走向为不规则的条带状。

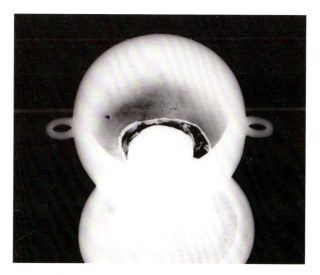

图 2-52　弦纹双环耳铜盖豆（W1514）修复后状态与 X 光照片

图 2-53　双环耳铜壶（W1516）修复后状态与 X 光照片

图 2-54　青铜鼎（Z0040）修复后状态与 X 光照片

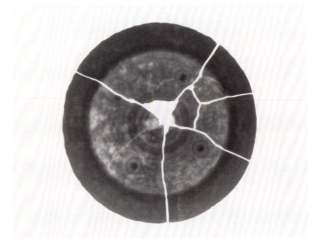

图 2-55　四乳四虺纹铜镜（W1891）修复中状态与 X 光照片

双环耳铜壶（W1516）和青铜鼎（Z0040）破碎较为严重，修复过程使用了连续焊，为增加焊接强度，在两个碎片表面还增加了若干扒钉，在 X 光照片中表现为垂直于缝隙方向的规则短棒扣合于接缝两侧。

四乳四虺纹铜镜（W1891）修复前碎裂为若干块。因为铜镜器形较小属于平面器物，各碎片受力较弱，所以使用环氧树脂粘接的方法进行修复。粘接区域为非金属缝隙，X 光成像显示出白色亮区。

（2）青铜文物补配情况（图 2-56~2-58）

青铜文物缺失较多不仅会影响物理应力结构的稳定，还会严重影响外观审美。可以通过补配，将青铜器缺损的部位进行修复，使其保持结构稳定和外观完整。通常使用铜质或者树脂材料进行修补，此次修复中主要使用了黄铜板、红铜皮、环氧树脂三种材料。

图 2-56　双环耳铜壶（W1515）修复后状态与 X 光照片

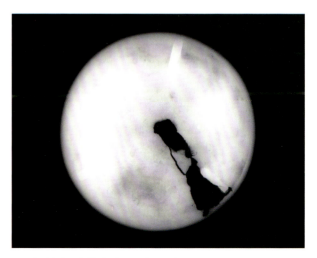

图 2-57　双附耳三足铜鼎（W1510）修复后状态与 X 光照片

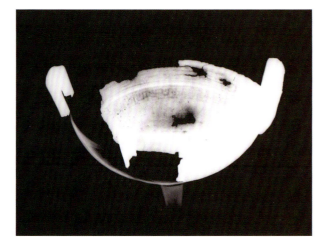

图 2-58　铜鼎（Z0038）修复后状态与 X 光照片

双环耳铜壶（W1515）使用黄铜板进行补配，补配块通过锡焊和环氧树脂进行彼此连接。从 X 光照片中可以清晰地分辨出黄铜板的位置和大小。

双附耳三足铜鼎（W1510）盖部和铜鼎（Z0038）腹部均是由环氧树脂补配，X 光照片中黑色区域显示出修补的具体情况。

2.3　检测分析总结

本次检测选取具有代表性的器物进行分析，分析结果具有一定典型性。

（1）多种分析检测方法有助于较全面地了解金属器物本体和样品信息。X 射线荧光光谱分析将器物表面的铜、锡、铅、金、铁、锌、镍等金属元素进行测定分类，初步区别出青铜的不同类别和金属元素配比。扫描电镜 - 能谱分析在对样品的微观形貌进行直接观察的基础上，将样品包含的元素含量进行了较准确的测定，这样可对样品产生较为直观和深入的认识。X 射线衍射分析从物相晶体结构方面分析出样品中所包含成分的化学名称，可详细了解样品的化学性质和物质组成。傅里叶红外光谱分析对器物曾经修复使用过的材质，以及表面附着物的定性分析，可进一步了解文物在流传过程中经历的历史和考古信息。X 光成像分析可清楚地观察到器物内部和表面的情况，从而了解铸造过程中使用的各种材质、铸造方式、产生缺陷的原因、因锈蚀肉眼无法直接观察到的铭文和纹饰等。此外，对器物的机械损伤、化学腐蚀病害、修复使用方法和材料都可进行详细观察。

（2）分析检测是针对器物的表面和内部微观信息的观察认知，主要包括：器物制造信息、器物被外界环境侵蚀可能发生的化学反应及产物信息、器物修复信息等。较全面地掌握这些信息，有助于深入认识文物的历史、艺术和科学价值，有助于有针对性地选择修复方法和材料，有助于判断是否保留文物的过往修复信息等。

（本章由徐军平、王云鹏、刘靓撰写）

第三章 馆藏青铜文物保护修复

青铜器出土后所处的地理大环境与库房存放的小环境都会对文物本体材质产生影响，对这些环境情况的调查可以深入了解不利于文物保存的环境因素，例如，相对湿度、温度等，从而在文物保存过程中，采取必要的措施减少或规避这些不利因素的影响。

通过对青铜文物的材质、劣化程度、污染物等情况检测分析，可以对文物病害进行深入认识，较为准确地评估文物现状，进而便于采取相应的修复措施进行有针对性的保护，实现文物的科学保护与长久保存。

3.1 馆藏环境调查

就地理位置和气候条件而言，黄岛区地处山东半岛西南隅，胶州湾畔。地形地貌属鲁东丘陵区，山岭起伏，沟壑纵横。地处北温带季风区域内，又临近黄海，受来自海洋的东南季风及海流、水团的影响，具有显著的海洋性气候特点。空气湿润，雨量充沛，温度适中，四季分明。年平均气温 12.5℃，夏季平均气温 23℃，最热的 7 月份平均气温 25℃，最冷的 1 月份平均气温 1.3℃，平均降雨量 696.6mm，年无霜期平均为 200 天，是山东省降雨量最充沛的地区之一。可见这里的气候较为润湿，相对湿度常年较高。

青岛市黄岛区博物馆库房位于建筑物三层，现有库房面积 400 平方米，库存文物 3000 余件。储存设施主要为木质橱柜，部分文物用塑料箱及运转箱分类整理放置在库房内。博物馆库房内没有配备专用的环境监测及除湿控温设备，大部分铜质文物没有专门的盛装囊匣，处于裸露散放状态，存在锈蚀蔓延发展的情况。储存条件的简陋，对文物保存极为不利。（表 3-1）

鉴于青岛市黄岛区博物馆现有条件的不足，黄岛区政府对此高度重视，青岛市黄岛区博物馆新馆已经批准建设并奠基，这将会给馆藏珍贵文物营造一个良好的保存环境和较宽敞的保存空间。

3.2 青铜文物现状调查评估

经过对馆藏铜质文物进行初步清理，发现已确定的病害种类较多且部分器物病害情况较严重。主要有全面腐蚀、点腐蚀、表面硬结物、残缺、瘤状物、变形、裂隙、矿化等，基本涵盖了铜质文物病害的所有类别。大部分器物锈蚀矿化、变形、残缺，部分器物"粉状锈"较为严重，少量器物已破损为碎片，器形较难辨认。这批铜器保存状况各异，单件器物存在多种病害，其中典型

表 3-1　青岛市黄岛区博物馆青铜文物保存环境情况

存放场所	博物馆库房	地点	户内	光源种类	白炽灯光
	陈列展示		□长期 □短期 √从未 □不能使用		
	湿度控制系统		□有 √无 □连续 □不连续 □其他		
	温度控制系统		□有 √无 □连续 □不连续 □其他		
	空气净化装置		□有 √无 □连续 □不连续 □其他		
历年平均温度	12.5℃	绝对最高温度	35℃	最低温度	-9.4℃
年均相对湿度	71%	最高相对湿度	100%	最低相对湿度	20%
	地区污染状况		颗粒物、污染物、有害气体		

病害主要有以下 8 种，病害评估情况参见表 3-2，图 3-9~3-11。

3.2.1　全面腐蚀

器物通体锈蚀，局部锈蚀较厚，纹饰部位被锈蚀层覆盖。（图 3-1）

3.2.2　表面硬结物

大部分铜器表面及内部覆盖硬质土锈或钙化物，局部锈蚀较厚实，少数器物纹饰或铭文为硬质覆盖层遮盖。（图 3-2）

3.2.3　瘤状物

部分器物锈蚀堆积，厚实且质地坚硬，局部锈蚀呈凸起状。（图 3-3）

3.2.4　残缺

此种病害在该批器物中表面尤为明显，部分器物破碎、缺失特别严重，仅剩余部分基体，少数器物破损呈碎片状。（图 3-4）

铜戈（W0636）

铺首衔环耳铜鋗（W0653）

图 3-1　全面腐蚀

柿蒂纽四乳四神铜镜（W0637）　　　　　　　　　　圆柱纽铜镜（W0639）

图 3-2　表面硬结物

铜剑（W0626）　　　　　　　　　　圆纽素面铜镜（W0640）

图 3-3　瘤状物

铜壶（W1515）　　　　　　　　　　铜镜（W0638）

图 3-4　残缺

3.2.5　变形

部分器物因受外力作用局部受挤压开裂变形，少数器物局部出现扭曲、断裂。（图3-5）

乳丁纹双环耳铜舟（W0577）　　　　　　　蟠龙纹铺首衔环铜熏壶（W0585）

图 3-5　变形

3.2.6　通体矿化

少数青铜文物因锈蚀特别严重，铜损失殆尽，整体酥粉脆弱，严重者呈铜渣状态。（图3-6）

铜带钩（W1786）　　　　　　　　　　　　　铜镞（W0583）

图 3-6　通体矿化

3.2.7　裂隙、断裂

部分器物因外力挤压，局部断裂出现裂缝，裂缝宽度不一。（图3-7）

3.2.8　点腐蚀

部分器物上可以见到一些孔穴类的点状的腐蚀。这是一种局部高度腐蚀的形态，孔有大有小，一般孔表面直径等于或小于它的深度，小而深的孔可能使金属穿孔；孔蚀通常发生在表面有钝化膜或有保护膜的金属上。（图3-8）

连弧纹柿蒂纽铜镜（W0634）

星云连弧纹铜镜（W0643）

图 3-7 裂隙、断裂

铜戈（W0569）

铜戈（W0570）

图 3-8 点腐蚀

表 3-2 青铜文物信息及病害调查评估表

序号	编号	名称	年代	病害类型	程度
1	W0566	窃曲纹铜鬲	春秋	全面腐蚀、表面硬结物、残缺	中度
2	W0567	波曲纹铜鼎	西周	裂隙、点腐蚀、表面硬结物	中度
3	W0568	铜戈	春秋	表面硬结物	微损
4	W0569	铜戈	战国	表面硬结物、残缺、点腐蚀	中度
5	W0570	铜戈	春秋	点腐蚀、残缺、表面硬结物	中度
6	W0571	铜带钩	战国	表面硬结物	微损
7	W0572	铜带钩	战国	表面硬结物	微损
8	W0573	铜带钩	战国	通体矿化、表面硬结物	中度
9	W0574	铜锛	西周	表面硬结物	微损
10	W0575	云雷纹铜鬲	西周	表面硬结物、残缺、污染	中度

序号	编号	名称	年代	病害类型	程度
11	W0576	窃曲纹铜鼎	西周	变形、表面硬结物	中度
12	W0577	乳丁纹双环耳铜舟	春秋	变形、裂隙、残缺、表面硬结物	中度
13	W0578	铜镞	春秋	表面硬结物	微损
14	W0579	铜镞	春秋	表面硬结物、残缺	微损
15	W0580	铜镞	战国	表面硬结物、残缺	中度
16	W0581	铜削	战国	表面硬结物、残缺、断裂	中度
17	W0582	铜镞	商	表面硬结物	微损
18	W0583	铜镞	春秋	通体矿化、残缺	中度
19	W0584	铜镞	春秋	残缺、表面硬结物	微损
20	W0585	螭龙纹铺首衔环铜熏壶	汉	变形、残缺、表面硬结物	中度
21	W0586	弦纹双环耳铜盖壶	战国	残缺、表面硬结物	中度
22	W0587	铜剑	战国	表面硬结物、残缺	微损
23	W0588	铜剑	战国	表面硬结物	微损
24	W0589	铜剑	战国	点腐蚀、残缺	中度
25	W0590	铜剑	战国	残缺、断裂、点腐蚀	重度
26	W0591	三蹄足铜盖壶	战国	表面硬结物、残缺	中度
27	W0592	双立耳三足铜炉	明	表面硬结物	微损
28	W0593	铜镞	战国	残缺、点腐蚀	微损
29	W0594	铜带钩	战国	表面硬结物	微损
30	W0595	铺首衔环铜鐍	汉	表面硬结物、残缺	中度
31	W0596	鎏金杯形铜漏孔器	汉	表面硬结物	中度
32	W0597	鎏金杯形铜漏孔器	汉	表面硬结物	中度
33	W0598	双环耳三足铜盖奁	汉	表面硬结物、残缺、点腐蚀、裂隙、层状剥离	重度
34	W0599	三足铜炉	清	表面硬结物	微损
35	W0600	双螭龙纹铜镜	唐	表面硬结物、微残	中度
36	W0601	画像纹铜镜	清	表面硬结物	中度
37	W0602	连弧纹昭明铜镜	汉	表面硬结物、断裂、裂隙	重度
38	W0603	四乳四神博局铜镜	汉	表面硬结物	中度
39	W0604	三官之天官铜造像	清	表面硬结物、裂隙	中度
40	W0605	玉皇大帝铜造像	清	表面硬结物	中度
41	W0606	三官之地官铜造像	清	表面硬结物	中度

序号	编号	名称	年代	病害类型	程度
42	W0607	三官之水官铜造像	清	表面硬结物	中度
43	W0608	菩萨铜像	清	表面硬结物	中度
44	W0609	铜像	清	表面硬结物、裂隙、点腐蚀、残缺	重度
45	W0610	铜佛像	清	表面硬结物	中度
46	W0611	王灵官铜像	清	表面硬结物	中度
47	W0612	药王孙思邈铜像	清	表面硬结物、残缺	中度
48	W0613	铜佛侍像	清	表面硬结物、残缺	中度
49	W0614	观音菩萨铜像	清	表面硬结物、点腐蚀	中度
50	W0615	韦陀铜像	清	表面硬结物	微损
51	W0616	铜弥勒佛像	清	表面硬结物	中度
52	W0617	铜佛像	明	表面硬结物	微损
53	W0618	观音菩萨铜像	清	表面硬结物	中度
54	W0619	铜剑	战国	表面硬结物、微残	中度
55	W0620	铜剑	战国	表面硬结物、残缺	中度
56	W0621	铜剑	战国	点腐蚀	中度
57	W0622	铜剑	战国	点腐蚀	中度
58	W0623	铜剑	战国	表面硬结物、残缺、点腐蚀	重度
59	W0624	铜剑	战国	表面硬结物、微残	中度
60	W0625	铜剑	战国	表面硬结物、点腐蚀、微残	中度
61	W0626	铜剑	战国	瘤状物、残缺	重度
62	W0627	铜剑	西周	表面硬结物、残缺	重度
63	W0628	铜剑	战国	表面硬结物、残缺	重度
64	W0629	铜剑	春秋	表面硬结物、残缺	中度
65	W0630	铜剑	战国	表面硬结物、残缺	重度
66	W0631	铜剑	战国	表面硬结物、断裂、残缺	濒危
67	W0632	铜剑	战国	部分矿化、断裂、残缺	中度
68	W0633	铜剑	战国	残缺、断裂、点腐蚀	中度
69	W0634	连弧纹柿蒂纽铜镜	汉	断裂	重度
70	W0635	铜戈	春秋	表面硬结物、点腐蚀	中度
71	W0636	铜戈	战国	全面腐蚀、微残	中度
72	W0637	柿蒂纽四乳四神铜镜	汉	表面硬结物、瘤状物	中度

序号	编号	名称	年代	病害类型	程度
73	W0638	星云连弧纹铜镜	汉	表面硬结物、残缺、断裂	濒危
74	W0639	圆柱纽铜镜	战国	表面硬结物、层状剥离	重度
75	W0640	圆纽素面铜镜	宋	表面硬结物、断裂、瘤状物	重度
76	W0641	桥纽铜镜	宋	表面硬结物	微损
77	W0642	神兽纹铜镜	唐	表面硬结物、变形	重度
78	W0643	星云连弧纹铜镜	汉	表面硬结物、断裂、裂隙	重度
79	W0644	铜雕描金天王造像	清	表面硬结物、残缺	中度
80	W0645	铜菩萨像	清	表面硬结物	微损
81	W0646	铜菩萨像	清	表面硬结物	微损
82	W0647	铜菩萨像	清	表面硬结物、裂隙	中度
83	W0648	铜韦驮像	清	表面硬结物、残缺	重度
84	W0649	铜菩萨挂件	清	表面硬结物	中度
85	W0650	仿宣德铜炉	清	表面硬结物	中度
86	W0651	双环耳铜豆	汉	表面硬结物、残缺、变形	重度
87	W0652	铜羊	清	表面硬结物	微损
88	W0653	铺首衔环耳铜鋗	战国	全面腐蚀、残缺、裂隙	重度
89	W0654	神人云纹铜铙	汉	表面硬结物	中度
90	W0655	仿宣德铜炉	清	点腐蚀	中度
91	W0656	波曲纹蹄足铜鼎	春秋	表面硬结物、残缺、断裂	濒危
92	W0657	花叶纹铜簪	清	表面硬结物	微损
93	W0658	乳丁纹铜敦	战国	表面硬结物、残缺	中度
94	W0659	铜镞	春秋	表面硬结物、残缺	重度
95	W0660	三箍铜剑	战国	表面硬结物、点腐蚀、残缺	中度
96	W0661	铜熨斗	汉	表面硬结物、断裂、点腐蚀	重度
97	W0662	铜镞	春秋	点腐蚀、残缺	中度
98	W0899-1	刀币	战国	表面硬结物	中度
99	W0899-2	刀币	战国	表面硬结物	中度
100	W0899-3	刀币	战国	表面硬结物、残缺	重度
101	W0899-4	刀币	战国	表面硬结物、残缺	重度
102	W0899-5	刀币	战国	表面硬结物	中度
103	W0899-6	刀币	战国	表面硬结物、残缺	重度

序号	编号	名称	年代	病害类型	程度
104	W0899-7	刀币	战国	表面硬结物、残缺	重度
105	W0899-8	刀币	战国	表面硬结物、残缺	中度
106	W0899-9	刀币	战国	表面硬结物、残缺	重度
107	W0899-10	刀币	战国	表面硬结物	中度
108	W0899-11	刀币	战国	表面硬结物、残缺	中度
109	W0899-12	刀币	战国	表面硬结物、残缺	重度
110	W0899-13	刀币	战国	表面硬结物、残缺	重度
111	W0899-14	刀币	战国	表面硬结物、微残	中度
112	W0899-15	刀币	战国	表面硬结物、残缺	中度
113	W0899-16	刀币	战国	表面硬结物、残缺	中度
114	W0899-17	刀币	战国	表面硬结物、残缺	中度
115	W0899-18	刀币	战国	表面硬结物、残缺	中度
116	W0899-19	刀币	战国	表面硬结物、残缺	中度
117	W0899-20	刀币	战国	表面硬结物、残缺	中度
118	W0899-21	刀币	战国	表面硬结物、残缺	中度
119	W0899-22	刀币	战国	表面硬结物、残缺	中度
120	W0899-23	刀币	战国	表面硬结物、残缺	中度
121	W0899-24	刀币	战国	表面硬结物、残缺	中度
122	W0899-25	刀币	战国	表面硬结物、残缺	中度
123	W0899-26	刀币	战国	表面硬结物、残缺	中度
124	W0899-27	刀币	战国	表面硬结物、残缺	中度
125	W0899-28	刀币	战国	表面硬结物、残缺	中度
126	W0899-29	刀币	战国	表面硬结物、残缺	中度
127	W0899-30	刀币	战国	表面硬结物、残缺	中度
128	W0899-31	刀币	战国	表面硬结物、残缺	中度
129	W0899-32	刀币	战国	表面硬结物	微损
130	W0899-33	刀币	战国	表面硬结物、残缺	中度
131	W0899-34	刀币	战国	表面硬结物	中度
132	W0899-35	刀币	战国	表面硬结物、残缺	中度
133	W0899-36	刀币	战国	表面硬结物	中度
134	W0899-37	刀币	战国	表面硬结物	中度

序号	编号	名称	年代	病害类型	程度
135	W0899-38	刀币	战国	表面硬结物、残缺	中度
136	W0899-39	刀币	战国	表面硬结物、残缺、断裂	重度
137	W0899-40	刀币	战国	表面硬结物、残缺	重度
138	W0899-41	刀币	战国	表面硬结物、微残	中度
139	W0899-42	刀币	战国	表面硬结物	中度
140	W0899-43	刀币	战国	表面硬结物	中度
141	W0899-44	刀币	战国	表面硬结物	中度
142	W0899-45	刀币	战国	表面硬结物	中度
143	W0899-46	刀币	战国	表面硬结物	中度
144	W0899-47	刀币	战国	表面硬结物、残缺	中度
145	W0899-48	刀币	战国	表面硬结物、残缺	中度
146	W0899-49	刀币	战国	表面硬结物、残缺	中度
147	W0899-50	刀币	战国	表面硬结物、残缺	中度
148	W0899-51	刀币	战国	表面硬结物、残缺	中度
149	W0899-52	刀币	战国	表面硬结物、残缺	中度
150	W0899-53	刀币	战国	表面硬结物、残缺	中度
151	W0899-54	刀币	战国	表面硬结物、残缺	中度
152	W0899-55	刀币	战国	表面硬结物、断裂	中度
153	W0899-56	刀币	战国	表面硬结物、残缺	中度
154	W0899-57	刀币	战国	表面硬结物、残缺	中度
155	W0899-58	刀币	战国	表面硬结物	中度
156	W0899-59	刀币	战国	表面硬结物、残缺	中度
157	W0899-60	刀币	战国	表面硬结物、残缺	中度
158	W0899-61	刀币	战国	表面硬结物	中度
159	W0899-62	刀币	战国	表面硬结物	中度
160	W0899-63	刀币	战国	表面硬结物、残缺	中度
161	W0899-64	刀币	战国	表面硬结物、残缺	中度
162	W0899-65	刀币	战国	表面硬结物、残缺	中度
163	W0899-66	刀币	战国	表面硬结物、残缺	中度
164	W0899-67	刀币	战国	表面硬结物、残缺	中度
165	W0899-68	刀币	战国	表面硬结物、残缺	中度

序号	编号	名称	年代	病害类型	程度
166	W0950	铜碗	清	表面硬结物	微损
167	W0969	铜镞	西周	表面硬结物、微残	中度
168	W1016	见日之光铜镜	汉	表面硬结物	中度
169	W1017	见日之光铜镜	汉	表面硬结物	中度
170	W1018	铜带钩	汉	表面硬结物、断裂	中度
171	W1019	铜带钩	汉	表面硬结物	微损
172	W1020	铜带钩	汉	表面硬结物、点腐蚀	重度
173	W1026	单弦纹铜镜	战国	表面硬结物	中度
174	W1086	铜剑	春秋	残缺、表面硬结物	中度
175	W1109	双茎箍铜剑	战国	残缺、点腐蚀	中度
176	W1110	铜剑	战国	表面硬结物、残缺	重度
177	W1182	铜剑	春秋	表面硬结物、微残	中度
178	W1499	铜镞	战国	表面硬结物	中度
179	W1509	双附耳三足铜鼎	战国	表面硬结物、变形	中度
180	W1510	双附耳三足铜鼎	战国	表面硬结物、残缺、变形	重度
181	W1511	弦纹双环耳铜盖豆	战国	表面硬结物、变形	中度
182	W1512	弦纹双环耳铜盖豆	战国	表面硬结物、微残	中度
183	W1513	弦纹双环耳铜盖豆	战国	表面硬结物、残缺	中度
184	W1514	弦纹双环耳铜盖豆	战国	表面硬结物	中度
185	W1515	双环耳铜壶	战国	表面硬结物、残缺、裂隙	濒危
186	W1516	双环耳铜壶	战国	表面硬结物、残缺、断裂、裂隙、变形	濒危
187	W1598	单弦纹铜镜	战国	表面硬结物	中度
188	W1599	单弦纹铜镜	战国	表面硬结物、变形	中度
189	W1603	铜戈	春秋	表面硬结物	微损
190	W1745	铜弩机	汉	表面硬结物	微损
191	W1752	清云房红山款缠枝莲纹景泰蓝铜炉	清	表面硬结物	微损
192	W1753	四乳四虺纹铜镜	汉	表面硬结物	微损
193	W1784	镶玉铜牌饰	汉	表面硬结物、断裂	重度
194	W1785	镶玉铜牌饰	汉	表面硬结物	重度
195	W1786	铜带钩	汉	通体矿化、断裂	濒危
196	W1787	素面铜镜	汉	表面硬结物、层状剥离	濒危

序号	编号	名称	年代	病害类型	程度
197	W1788	素面铜镜	汉	表面硬结物、残缺、断裂	濒危
198	W1789	素面铜镜	汉	表面硬结物、断裂、裂隙、变形	重度
199	W1807	见日之光铜镜	汉	表面硬结物、断裂	中度
200	W1808	六角菱形铜构件	汉	表面硬结物、裂隙	中度
201	W1809	铜镜刷	汉	表面硬结物	中度
202	W1810	连弧纹见日之光铜镜	汉	表面硬结物、断裂	濒危
203	W1811	梳刷铜柄	汉	表面硬结物、残缺	中度
204	W1815	鎏金铜残环	汉	表面硬结物	微损
205	W1887	四乳四蟠螭纹铜镜	汉	表面硬结物	中度
206	W1888	连珠纹双圈铭文昭明铜镜	汉	表面硬结物	中度
207	W1889	四乳四虺纹铜镜	汉	表面硬结物、微残	微损
208	W1890	羽人神兽纹博局铜镜	汉	微残	微损
209	W1891	四乳四虺纹铜镜	汉	点腐蚀、断裂	重度
210	W1892	连弧纹昭明铜镜	汉	表面硬结物	微损
211	W1893	四乳四虺纹铜镜	汉	表面硬结物	中度
212	W1894	连珠纹日光铜镜	汉	表面硬结物	微损
213	W1895	连珠纹日光铜镜	汉	微残	微损
214	W1896	连弧纹见日之光铜镜	汉	表面硬结物、残缺	中度
215	W1897	四乳四虺纹铜镜	汉	表面硬结物、断裂、裂隙、瘤状物	重度
216	W1898	连弧纹昭明铜镜	汉	表面硬结物	微损
217	W1899	铺首衔环耳铜洗	汉	表面硬结物	中度
218	W1900	铺首衔环耳铜洗	汉	表面硬结物	中度
219	W1901	铜席镇	汉	表面硬结物	中度
220	W1902	铜席镇	汉	表面硬结物	中度
221	W1903	铜带钩	汉	表面硬结物	微损
222	W1904	铜镜刷	汉	表面硬结物	中度
223	W1905	铜镜刷	汉	表面硬结物	中度
224	W1906	铜镜刷	汉	表面硬结物	中度
225	W1907	铜镜刷	汉	表面硬结物	中度
226	W1908	铜镜刷	汉	表面硬结物	微损
227	W1909	铜镜刷	汉	表面硬结物	中度

序号	编号	名称	年代	病害类型	程度
228	W1910	龟纽"吴渺容印"方形铜印	汉	表面硬结物	微损
229	W1911	镜刷铜柄	汉	表面硬结物	微损
230	Z0038	铜鼎	西周	表面硬结物、残缺	濒危
231	Z0039	青铜剑	西周	残缺、断裂	重度
232	Z0040	青铜鼎	西周	表面硬结物、断裂、裂隙	濒危
233	Z0291-1	刀币	战国	表面硬结物、残缺	中度
234	Z0291-2	刀币	战国	表面硬结物、残缺	中度
235	Z0292-1	刀币	战国	表面硬结物、残缺	中度
236	Z0292-2	刀币	战国	表面硬结物、残缺	中度
237	Z0292-3	刀币	战国	表面硬结物、残缺	中度
238	Z0292-4	刀币	战国	表面硬结物、残缺	中度
239	Z0292-5	刀币	战国	表面硬结物、残缺	中度
240	Z0292-6	刀币	战国	表面硬结物、残缺	中度
241	Z0292-7	刀币	战国	表面硬结物、残缺、裂隙	中度
242	Z0292-8	刀币	战国	表面硬结物、残缺	中度
243	Z0292-9	刀币	战国	表面硬结物、残缺	中度
244	Z0292-10	刀币	战国	表面硬结物、残缺	中度
245	Z0292-11	刀币	战国	表面硬结物、残缺	中度
246	Z0292-12	刀币	战国	表面硬结物、残缺	中度
247	Z0292-13	刀币	战国	表面硬结物、残缺	中度
248	Z0292-14	刀币	战国	表面硬结物、残缺	中度
249	Z0292-15	刀币	战国	表面硬结物、残缺	中度
250	Z0292-16	刀币	战国	表面硬结物、残缺	中度
251	Z0292-17	刀币	战国	表面硬结物、残缺、裂隙	中度
252	Z0292-18	刀币	战国	表面硬结物、残缺	中度
253	Z0292-19	刀币	战国	表面硬结物、残缺	中度
254	Z0292-20	刀币	战国	表面硬结物、残缺	中度
255	Z0292-21	刀币	战国	表面硬结物、残缺	中度
256	Z0292-22	刀币	战国	表面硬结物、残缺	中度
257	Z0292-23	刀币	战国	表面硬结物、残缺	中度
258	Z0292-24	刀币	战国	表面硬结物、残缺	中度

序号	编号	名称	年代	病害类型	程度
259	Z0292-25	刀币	战国	表面硬结物、残缺	中度
260	Z0292-26	刀币	战国	表面硬结物、残缺	中度
261	Z0292-27	刀币	战国	表面硬结物、残缺	中度
262	Z0292-28	刀币	战国	表面硬结物、残缺	中度
263	Z0292-29	刀币	战国	表面硬结物、残缺	中度
264	Z0292-30	刀币	战国	表面硬结物、残缺	中度
265	Z0292-31	刀币	战国	表面硬结物、残缺	中度
266	Z0292-32	刀币	战国	表面硬结物、残缺	中度
267	Z0292-33	刀币	战国	表面硬结物、残缺	中度
268	Z0292-34	刀币	战国	表面硬结物、残缺	中度
269	Z0292-35	刀币	战国	表面硬结物、残缺	中度
270	Z0292-36	刀币	战国	表面硬结物、残缺	中度
271	Z0292-37	刀币	战国	表面硬结物、残缺	中度
272	Z0292-38	刀币	战国	表面硬结物、残缺	中度
273	Z0292-39	刀币	战国	表面硬结物、残缺	中度
274	Z0292-40	刀币	战国	表面硬结物、残缺	中度
275	Z0292-41	刀币	战国	表面硬结物、残缺	中度
276	Z0292-42	刀币	战国	表面硬结物、残缺	中度
277	Z0292-43	刀币	战国	表面硬结物、残缺	中度
278	Z0294	钱坨	宋	表面硬结物、通体矿化	重度
279	Z0297	铃形铜饰品	汉	表面硬结物	微损
280	Z0298	半铃形铜饰品	汉	表面硬结物	微损
281	Z0299	铜饰品	汉	表面硬结物	中度
282	Z0472	连弧纹铜镜残片	汉	断裂、残缺	濒危
283	Z0605	连珠纹昭明镜	汉	表面硬结物	中度
284	Z0628	铜镜残片	汉	表面硬结物、断裂、裂隙	重度
285	Z0629	直筒形铜器	汉	表面硬结物、残缺	重度
286	Z0630	镜刷铜柄	汉	表面硬结物、点腐蚀	中度
287	Z0732	铜镜残片	汉	表面硬结物	濒危
288	Z0734	铜镜残片	汉	残缺、断裂	濒危

单位：件

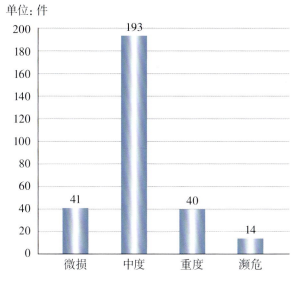

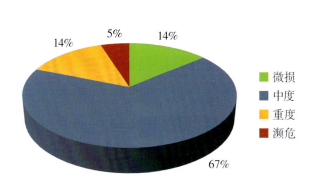

图 3-9　青岛市黄岛区博物馆藏青铜文物病害
程度统计

图 3-10　青岛市黄岛区博物馆藏青铜文物病害
程度分布比例

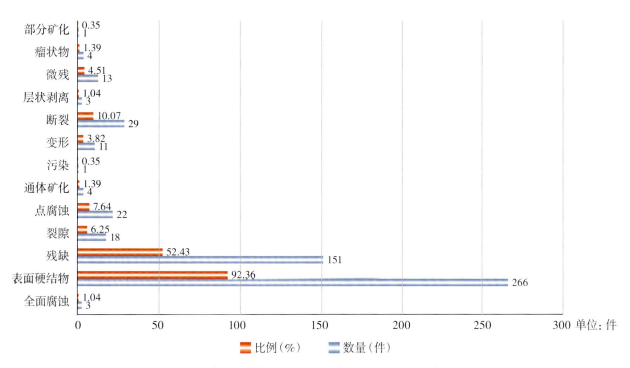

图 3-11　青岛市黄岛区博物馆藏青铜文物病害情况统计

3.3　保护修复原则

依据《中华人民共和国文物保护法》《中华人民共和国文物保护法实施条例》《可移动文物修复管理办法（2014版）》《中国文物古迹保护准则（2015年版）》等相关法规，遵循如下保护修复基本原则：

（1）不改变文物原状。真实、完整地保存并延续文物在历史过程中形成的历史、艺术、科学价值及体现价值的状态。

（2）最小干预。采用的保护修复方法与材料，应以延续现状、缓解病害为主要目标。干预措施应当避免过度干预造成对文物历史、艺术、科学价值的改变。

（3）可再处理。所采用的修复材料与文物原始材料应具有兼容性，具有可再处理性；保护措施不妨碍再次对文物进行保护修复处理。

3.4　保护修复任务和目标

3.4.1　工作任务

本项目共计保护修复 288 件青岛市黄岛区博物馆馆藏金属文物。

经过前期的现状和病害调查，结合相关分析检测数据，在前期研究成果和以往相近文物保护实施经验的基础上，对文物实施清理、去锈、整形和修复等处理。

（1）首先去除器物表面有害锈蚀和覆盖在铭文或纹饰表面的锈蚀；

（2）通过整形矫正器物形状；

（3）修复断裂或缺失的器物；

（4）缓蚀和封护器物；

（5）对修复部位进行做旧处理；

（6）在整个过程中，全面科学规范地记录图像文字资料，形成保护修复档案。

3.4.2　工作目标

根据以上保护修复原则，结合文物具体病害、保存现状等情况，在充分做好前期研究和试验的基础上，对该批文物的保护修复工作确定以下目标：

（1）清除有害锈蚀，减缓文物腐蚀速率，延长文物寿命。

（2）对存有表面硬结物、断裂、残缺等病害的文物进行清理、粘接、补配和做旧等处理，通过保护修复处理，使得该批文物达到可以公开陈列展出的要求。

（3）在保护修复过程中，研究文物内在的科学信息和工艺特征，揭示文物的历史、艺术与科学价值。

3.5　保护修复流程

由于文物病害种类及保存状况不尽相同，在调查分析的基础上，针对每件器物采取不同的技术方法进行保护修复，整体保护修复流程如图 3–12。

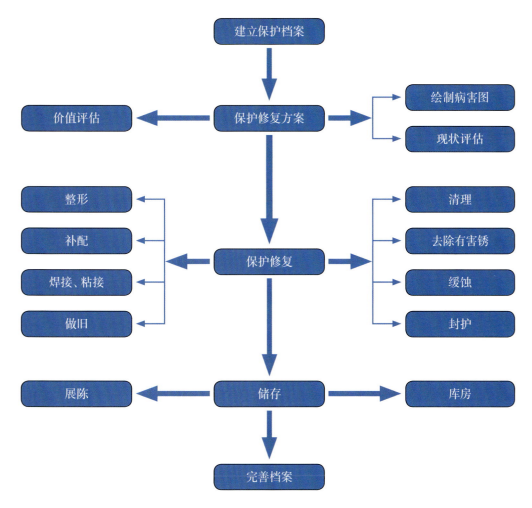

图 3-12 文物整体保护修复流程图

3.6 保护修复工具、材料及设备

工具：电炉、电热套、电磁炉、小型电钻、钢锯、电烙铁、錾子、小锤、锡锤、橡胶锤、木锯、锉刀、调刀、台钳、螺丝刀、手术刀、根管填充器等。

化学试剂：无水乙醇、乙酸乙酯、硝酸银、硝酸、六偏磷酸钠、氧化银、碳酸钠、碳酸氢钠、锌粉、EDTA 二钠盐、苯并三氮唑（BTA）、丙烯酸树脂（B72）、双氧水、酒石酸钾钠、氢氧化钠、蒸馏水等。

材料：AAA 胶、ALTECO 胶、914 环氧树脂胶、环氧树脂（UHU Plus）双组分胶、卡夫卡双组份胶、安特固瞬干胶、多用修补胶棒、凡士林、竹签、绳子、磨头、砂轮片、油画笔、木方、矿物颜料，虫胶漆、多种型号金刚砂纸、水磨砂纸、定性滤纸等。

设备：超声波洁牙机、喷砂机、打磨机、超声波清洗器、手术显微镜、大视野放大镜等。

3.7　保护修复具体操作步骤

依据保护修复流程和文物的实际情况，在调查分析的基础上，从每件文物的病害入手，总体保护修复步骤如下。

3.7.1　保护修复前的资料采集

对需要保护修复的器物逐一登记造册、照相、测量、称重、绘制文物病害图，留取保护修复前的原始资料，并做好整个工作过程中资料的收集准备。（图3-13、3-14）

图 3-13　文物测量　　　　　　　　　　　　　　　　图 3-14　文物称重

3.7.2　表面清理

使用毛刷、竹签、棉棒类工具配合化学溶剂，可初步清除文物表面的泥土、浮锈等疏松且影响美观的物质。

表面硬结物、瘤状物、层状堆积等锈蚀产物可用竹签、刻刀、手术刀等进行剔除。针对较坚硬的锈蚀物可用少量纯净水软化一段时间后清除。若还是难以清除，可用微型打磨机进行清理。对器物表面附着的较硬钙质沉积物，可采用 EDTA 二钠盐纸浆糊敷法，将金属离子络合吸附于纸浆上，定时更换纸浆，可逐渐将沉积物软化，以便于去除。（图3-15~3-20）

3.7.3　有害锈清除

将可能是有害锈病灶部位（如粉状锈、点腐蚀处、瘤状物下面锈蚀产物）的表面锈蚀产物进行清理，及时用酸性硝酸银滴定法或用其他仪器分析方法检测是否含有氯离子，对于确实存在有害锈的部位要尽可能根除锈蚀物，可用小型打磨机、超声波洁牙机等设备进行清除，必要时做化学试剂处理。

锌粉法：将局部纹饰、孔穴内的氯化物用机械工具清理剔除后，将用乙醇调和好的锌粉涂敷

图 3-15　用棉棒蘸取化学溶剂清理附着物

图 3-16　用手术刀去除附着物

图 3-17　纸浆糊敷法松动较硬的表面沉积物

图 3-18　整体清洗器物

图 3-19　用微型打磨机清理较硬的锈蚀

图 3-20　用微型打磨机进行清理较硬的锈蚀

于有害锈斑腐蚀孔穴处，使锌粉与有害锈充分发生反应，用此方法重复操作直至达到预期效果为止。该方法操作简单，适用于小面积的点状腐蚀区。

过氧化氢法：配制 1% ~ 3% 的过氧化氢水溶液，使用滴管滴注溶液至目标位置，待发生反应后立即用清水彻底清洁。此种方法会使锈蚀部位的颜色产生略微变化，仅适用于小面积的点状腐蚀区。（图 3-21~3-24）

图 3-21　挖除点状锈蚀

图 3-22　酸性硝酸银滴定

图 3-23　过氧化氢与点状腐蚀部位反应

图 3-24　锌粉与有害锈充分反应

3.7.4　整形

采用冷、热处理法和工具矫形法对变形的文物进行整形复原。冷处理法是把变形的文物或构件固定在大台钳口内或在液压机上加压，缓慢给力，经过多次缓慢增压的操作，直至变形部位恢复原形，去掉压力后再用锤打法解决很小的变形情况。对于不能放置于台钳上的器物或构件，可采用热处理法配合工具矫形。根据变形的程度及部位，利用不同的夹具固定住文物，并辅助适当加温，一般温度控制在200℃左右，整形过程中采用支撑、顶压、撬搬等方法，以便达到整形的目的。（图 3-25）

3.7.5　焊接、粘接

将破碎的器物恢复结构的稳定，使其适于展览或保存，这是修复技术中的关键工艺。根据具体状况可选用焊接、粘接、钻接或两者结合的工艺。焊接可采用低温锡焊的传统焊接工艺。粘接常用的黏接剂有环氧树脂类、丙烯酸树脂类。对于粘接面小且负荷力大的器物可采用钻接的方法，在断口两侧对应打孔，插入金属芯子后再粘接。选择粘接方法时要考虑其强度与器物本身的强度是否相匹配。为使粘接部位固定不错位，可配备细沙箱类装置，将器物插入细沙箱中支撑固定。

选用的黏接剂应具有如下特性：化学性质稳定、耐老化、具有防水性、与修复材料的膨胀系

图 3-25　加热整形

数接近等。

　　主要黏接剂有：环氧树脂（UHU Plus）双组分胶，分为两种，一种是 24 小时凝固，适合用于大件金属文物的粘接；另一种是 5 分钟凝固，适合用于小件金属文物的粘接。

　　腈基丙烯酸树脂：凝固迅速，适合用于金属碎片的拼合粘接。

　　注意要求：粘接前应清洁粘接面；黏接剂要充分调和，并均匀涂抹于黏接面。（图 3-26~3-29）

图 3-26　锡焊焊接

图 3-27　焊接鼎底部

图 3-28　粘接缝隙

图 3-29　粘接加固裂隙

3.7.6　补配

为使文物的结构强度得到增强，需要对残缺、裂缝过大的部位进行必要的补配。铜质文物的补配材料可选用铜材或高分子合成树脂。铜材可选用与文物厚度相当或略薄的铜板，补配时将其剪裁成与补配部位形状相同但略小的配件，经过加热并锤打出需要的弧度，再用环氧树脂粘接即可。高分子合成树脂可选用环氧树脂，补配前要先在粘接部位涂刷可逆层（丙烯酸树脂），操作时可视具体情况采用单壁法、双壁法、模制法，将支撑体蜡板固定好，再将环氧树脂和矿物颜料的混合液填充于空缺部位，待其固化后进行必要的修整。（图 3-30、3-31）

图 3-30　铜皮补配　　　　　　　　　　　图 3-31　环氧树脂胶补配

3.7.7　缓蚀

已经腐蚀的铜质文物在经过除锈、清洗、脱除氯化物及其他工作程序后，文物形成了新的裸露表面，在大气环境中很容易被再次腐蚀。可以通过向铜质材料施以少量化学物质，使其在大气环境中的腐蚀速度降低或减缓，同时还保持着铜质材料原来的金属性能。此过程主要是减缓文物在展厅或库房中所受到的大气腐蚀。

常用于铜质文物的缓蚀剂有苯骈三氮唑（BTA），BTA 与铜及铜盐会形成络合物可抑制铜基体腐蚀，并在铜合金表面形成牢固、稳定、不溶于水及部分有机溶剂的透明膜，从而起到很好的缓蚀作用。操作方法是，用无水乙醇作溶剂，调配 1% ~ 3% 的苯骈三氮唑乙醇溶液待用。针对小件器物可采用浸泡的方法（浸泡时间视腐蚀程度而定），针对大件器物可采用涂刷或喷涂的方法。为取得较好的缓蚀效果，可在处理之前对器物进行加热。文物缓蚀后自然风干，检查是否有 BTA 结晶析出，如有可用无水乙醇进行清理。因为 BTA 具有一定毒性，所以此项缓蚀过程必须在通风良好的环境中进行，操作人员需佩戴必要的防护设备。（图 3-32）

3.7.8　封护

在前期工作的基础上，最后需要对器物进行封护处理。封护的目的是使器物与外界环境之间

图 3-32　BTA 缓蚀粉状锈蚀部位

建立一种新的平衡，增强文物抵抗大气环境中有害成分侵蚀的能力，减少环境变化对器物的影响。封护剂可以有效地将外界腐蚀介质与金属表面隔离，形成屏蔽性良好的保护膜。封护涂层也能对器物的多个层面进行加固，还可以防止一些摩擦产生的损坏。

封护剂的选择应具备如下特性：化学性质稳定、无色透明、可再处理、防水、防污染、防紫外线、抗老化、机械阻力和制成品所用材料的膨胀系数接近。

封护剂选用 1% ~ 3% 丙烯酸树脂（热塑性）Paraloid B72 乙酸乙酯溶液，是铜质文物保护中效果较好的封护材料。它可塑性强、无色透明、不溶于水、渗透附着力强、成膜迅速、抗老化和抗紫外线性能俱佳、操作方便。此外，B72 形成的保护膜可填充铜质文物表面的微孔和裂隙，有效阻止水和空气对金属表面孔隙的渗透。

封护技术操作为，针对器物的大小和腐蚀严重情况，可采用刷涂、喷涂和浸涂方法进行封护处理。刷涂或喷涂时，应在第一遍涂覆层实际干燥后再进行第二遍，可根据封护效果适当增减涂覆次数。浸注涂覆时，器物应在封护浸注液中没有气泡生成后再行取出，这样可使封护剂尽可能多地渗透到器物内部。因为封护过程中会使用到挥发性有机溶剂，所以此项操作必须在通风良好的环境中进行，操作人员需佩戴必要的防护设备。（图 3-33）

图 3-33　整体封护

3.7.9　做旧

文物在进行粘接、焊接、补配和加固后，需要对修复的部位进行做旧处理，这样可使修复后的器物具有良好的整体视觉效果。做旧材料分为粘接和着色两种，粘接材料主要使用酒精漆片，着色材料主要使用矿物颜料。作旧效果应做到"远看一致，近看有别"。（图3-34）

图 3-34　表面随色做旧

3.8　青铜文物保护修复实例

3.8.1　文物介绍

波曲纹四耳鼎（W0656），平沿，方唇，口微敛。口沿下方有立耳，立耳中部紧贴口沿，口沿与立耳之间有小横梁；两立耳之间对称有一对附耳，呈兽首状，刻划简单纹饰。腹部两道弦纹之间饰一周波曲纹，波曲纹不起折，中间夹以三道平行弦纹，波峰较高，中填充眉、口状纹饰。圜底，三瘦蹄足。器高19.3、口径24.6、立耳高6.7、附耳高6.4厘米。该鼎铸造粗糙，足中空，可见范土。器物原破碎为9片，包括半个鼎腹及一足、一立耳、一附耳。（图3-35）

根据病害状况，绘制出文物原始病害图，根据病害情况选择相对应的保护方法。（图3-36）

3.8.2　保护修复步骤

1. 表面清理

使用毛刷、竹签、棉棒类工具配合化学溶剂，初步清除文物表面的泥土、浮锈等疏松且影响美观的物质。使用洁牙机清理器物表面硬结物，特别是在处理纹饰表面的硬结物时小心谨慎避免伤到纹饰。清理器物时发现纹饰的凹槽内有大量炭黑痕迹，疑是人为添加，故未做清理而予以保留。

2. 拼对、粘接

文物残存9块碎片，根据残片形状、纹饰及断口，进行拼对，拼对后使用环氧树脂胶进行粘接。

3. 补配

器物腹部残缺，通过翻模的方法采用环氧树脂胶补配。首先，在器物表面敷一层保鲜膜做为

图 3-35　文物修复前状况

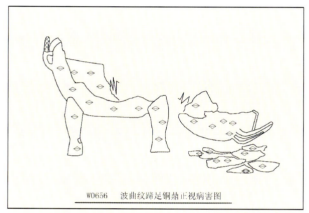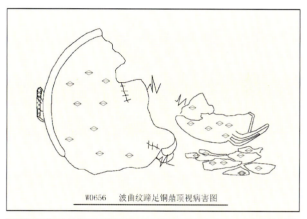

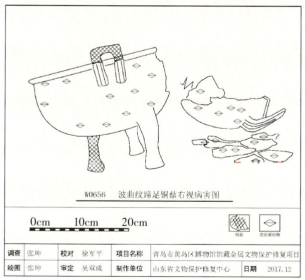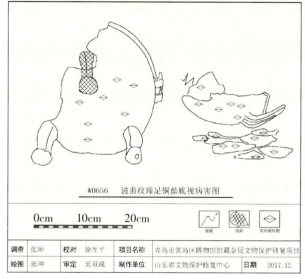

图 3-36　文物病害图

隔离层。然后，使用石膏进行翻模，待石膏干燥后取下。最后，在模内灌入环氧树脂胶。同样，对于残缺的足部也采用石膏翻模，灌入环氧树脂胶进行补配。（图 3-37）

对于耳部和錾手的残缺，采用铜皮作为内衬，表面填补速成铜的方法进行补配。首先，根据

图 3-37　翻模、补配

图 3-38　裁剪铜皮　　　　　　　　　　　图 3-39　速成铜补配

保存下来的形状用铜皮剪出补配件。然后，将其粘接上，表面使用速成铜填补。待补配件干燥，取下将其粘接到残缺的部位，然后使用砂纸进行打磨修整，对于弧度不够的地方，重新挂胶打磨，直到与原器物相吻合。（图 3-38、3-39）

打磨修整成型后，采用牙科机雕刻补配纹饰。观察纹饰形状，使用记号笔画出纹饰。然后，根据纹饰宽细程度选择相应的雕刻头刻划纹饰。（图 3-40、3-41）

4. 封护

为了使器物与外界环境之间建立一种新的平衡，增强文物抵抗大气环境中有害成分侵蚀的能力，减少环境变化对器物的影响，采用 1% ~ 3% 丙烯酸树脂（热塑性）Paraloid B72 乙酸乙酯溶液对修复后文物进行封护。（图 3-42）

5. 做旧

对器物的粘结和补配位置，采用矿物颜料做旧。（图 3-43）

3.8.3　保护修复自我评估

该件器物整体破碎为 9 块，且残缺不全，缺失近 40%，经过清理、拼接处理后，仍有残缺，影响到器物整体的稳定性与观赏性。因此，选择石膏翻模，环氧树脂补配的方法对腹部残缺进行

图 3-40　打磨修整

图 3-41　雕刻纹饰

图 3-42　封护

图 3-43　做旧

图 3-44　文物修复后状况

补全。考虑到耳部的缺失，采用铜皮做内衬，表面填补速成铜的方法对耳部残缺进行补全。然后整体进行封护、做旧处理。处理后，器物形状、纹饰等基本得以恢复，满足博物馆展陈、研究要求，达到修复预期目标。（图 3-44）

3.9　文物保护修复后的保存环境建议

经过保护修复处理的青铜文物应存放在符合要求的环境中，避免发生新的腐蚀。环境因素包括温度、相对湿度、空气污染物、光照等，这些都能不同程度地对铜质文物造成侵蚀或损害，所以在保存时必须进行环境控制。在后期的库存和展出过程中应做好预防性保护工作，根据《博物馆藏品管理办法》等标准或规范化文件执行即可。注意事项如下：

3.9.1　温湿度控制

不断变换的温湿度环境，会使保护修复后的铜质文物产生新的病害。要杜绝或延缓此种现象的发生，就需要给金属文物创造一个相对稳定的温湿度环境，在这个环境中，文物会与周围因素建立一种平衡。适用于铜质文物的保存条件是温度 20℃ ±2℃，相对湿度 40%±5%。此条件要求由 IIC（国际文物保护科学会）、ICOM （国际博物馆学会）、ICCROM（国际保存修复中心）等组织推荐。

3.9.2　空气污染物控制

空气污染主要包括颗粒污染（粉尘）和气体污染（二氧化硫、臭氧），这些污染物具有迁移、转化的特性，有些还具有一定活性，所以要控制和预防污染源对铜质文物带来的危害。具体方法，可将文物存放在密闭库房或密闭文物柜中，并添置通风过滤设备。

3.9.3　光照控制

铜质文物属于光照不敏感藏品，光照度标准低于 300 勒克斯即可。

（本章由徐军平、刘靓撰写）

第四章　馆藏青铜文物保护修复典型案例档案

4.1　双环耳铜壶（W1515）保护修复

馆藏金属文物保护修复档案

项目名称：<u>青岛市黄岛区博物馆馆藏金属文物保护修复项目</u>

文物名称：<u>　　　　　双环耳铜壶　　　　　</u>

2017 年 10 月

中华人民共和国国家文物局制

表 4-1-1　文物保护修复基本信息表

文物名称	双环耳铜壶	文物序号	HD186
收藏单位	青岛市黄岛区博物馆	文物登录号	W1515
文物来源	发掘	文物时代	战国
文物材质	青铜	文物级别	未定级
方案设计单位	山东省文物保护修复中心	保护修复单位	山东省文物保护修复中心
方案名称	《青岛市黄岛区博物馆馆藏金属文物保护修复方案》	批准单位及文号	国家文物局 文物博函〔2016〕517 号
提取日期	2018 年 7 月 12 日	提取经办人	张坤、崔鹤
返还日期	2018 年 7 月 21 日	返还经办人	张坤、崔鹤
备　注			

表 4-1-2　文物保存现状表

尺寸（cm）	高：29.3　口径：10　底径：14.3	重量(g)	1540
文物保护环境	文物存放在青岛市黄岛区博物馆三楼库房，与陶瓷器、石质文物等混合在一起，无温湿度控制系统。		
病害状况	器物残缺严重，缺失近 30%，表面附着白色硬结物，质地坚硬。		
原保护修复情况	无		

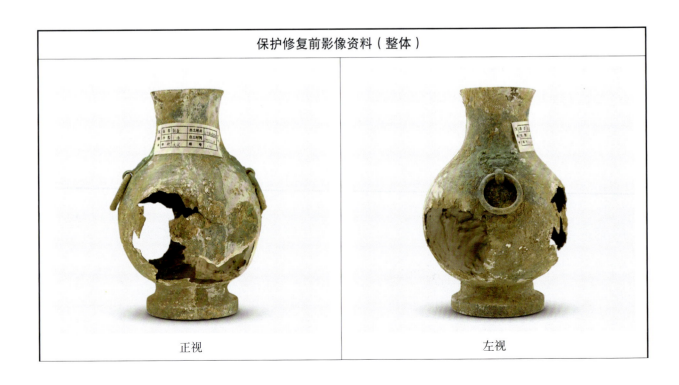

保护修复前影像资料（整体）

正视　　　　　　　　　　左视

保护修复前影像资料（整体）

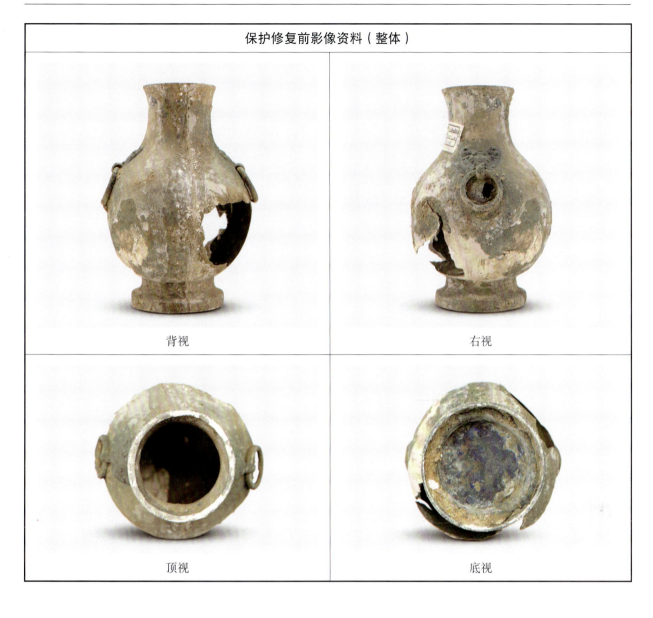

背视　　　　　　　　　　　　　　　　　右视

顶视　　　　　　　　　　　　　　　　　底视

保护修复前影像资料（局部）

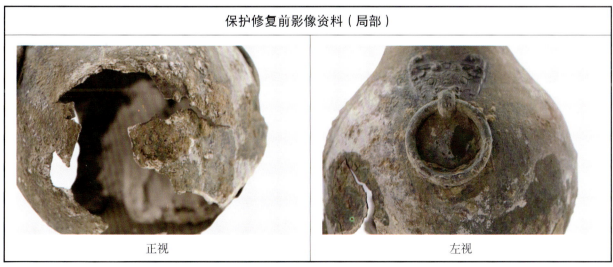

正视　　　　　　　　　　　　　　　　　左视

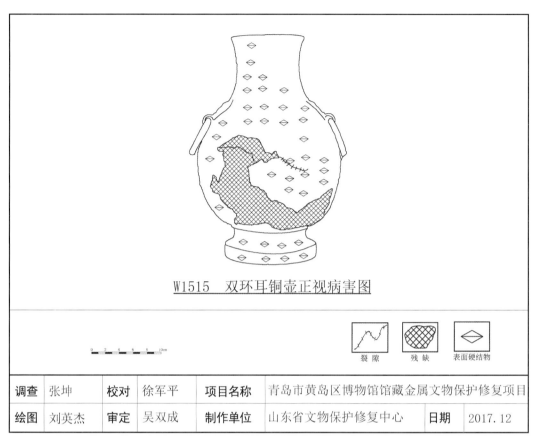

W1515　双环耳铜壶正视病害图

调查	张坤	校对	徐军平	项目名称	青岛市黄岛区博物馆馆藏金属文物保护修复项目	
绘图	刘英杰	审定	吴双成	制作单位	山东省文物保护修复中心	日期　2017.12

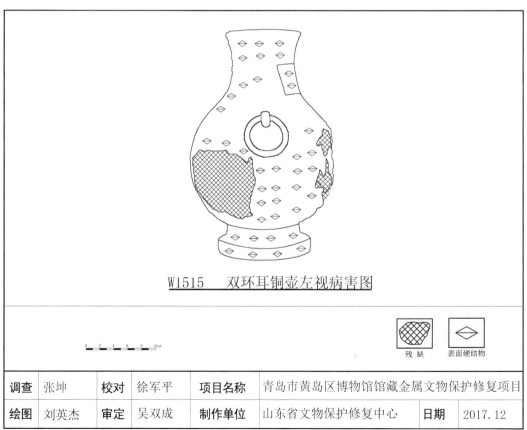

W1515　双环耳铜壶左视病害图

调查	张坤	校对	徐军平	项目名称	青岛市黄岛区博物馆馆藏金属文物保护修复项目	
绘图	刘英杰	审定	吴双成	制作单位	山东省文物保护修复中心	日期　2017.12

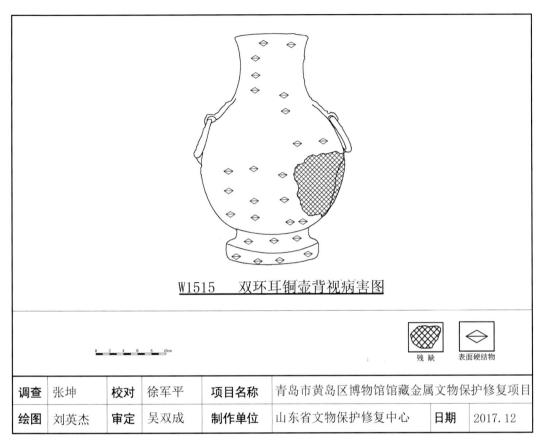

W1515　　双环耳铜壶背视病害图

| | 残缺 | 表面硬结物 |

调查	张坤	校对	徐军平	项目名称	青岛市黄岛区博物馆馆藏金属文物保护修复项目		
绘图	刘英杰	审定	吴双成	制作单位	山东省文物保护修复中心	日期	2017.12

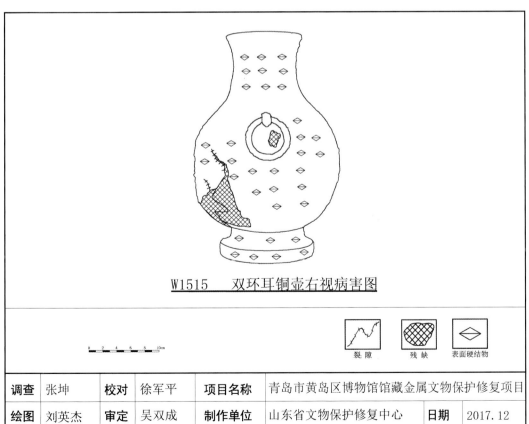

W1515　　双环耳铜壶右视病害图

| | 裂隙 | 残缺 | 表面硬结物 |

调查	张坤	校对	徐军平	项目名称	青岛市黄岛区博物馆馆藏金属文物保护修复项目		
绘图	刘英杰	审定	吴双成	制作单位	山东省文物保护修复中心	日期	2017.12

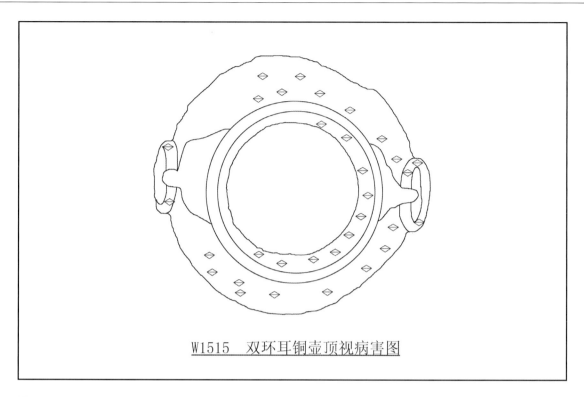

W1515　双环耳铜壶顶视病害图

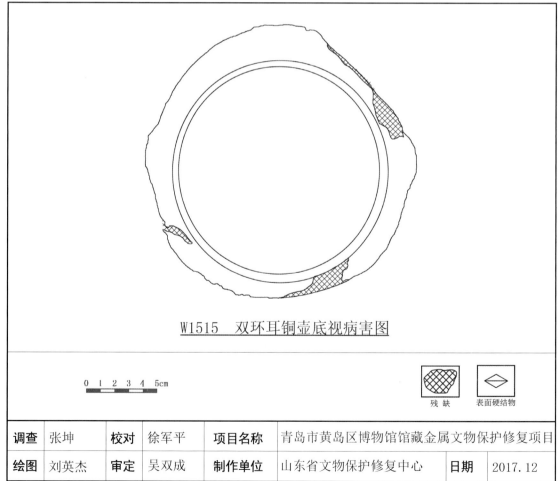

W1515　双环耳铜壶底视病害图

0 1 2 3 4 5cm

残缺　　表面硬结物

调查	张坤	校对	徐军平	项目名称	青岛市黄岛区博物馆馆藏金属文物保护修复项目		
绘图	刘英杰	审定	吴双成	制作单位	山东省文物保护修复中心	日期	2017.12

表 4-1-3　文物保护修复记录表

文物保护修复情况综述（材料、工艺、步骤及操作条件，附保护修复后影像资料）：

该件铜壶锈蚀严重，残缺不全。提取文物后进行拍照、测量、称重、填写信息卡。首先，去除表面锈蚀物。其次，拼对残片并粘接。再使用铜皮补配残缺部位，环氧树脂胶加固，矿物颜料做旧。最后，使用1%丙烯酸树脂B72乙酸乙酯溶液进行封护。

保护修复后尺寸（cm）	高：29.3　口径：10　底径：14.3	保护修复后重量（g）		1600	
完成日期	2018年7月21日	修复人员	崔鹤	审核	徐军平

保护修复后影像资料

正视	左视
背视	右视

保护修复后影像资料	

顶视	底视

保护修复日志				
文物名称	双环耳铜壶	修复人员	崔鹤	日期	2018 年 7 月 12 日 ～ 2018 年 7 月 21 日
日期	工作内容			
2018 年 7 月 12 日	进行拍照、测量、称重工作，并填写信息卡、绘制病害图。首先，使用手术刀剔除器物表面残留的白色石膏物质。然后，使用蒸馏水及毛刷清洗去除器物表面附着物。			
	 手术刀清理	 清洗		
2018 年 7 月 13 日 ～ 16 日	拼对残片，确定位置后使用安特固进行粘接。对于残缺部位使用 1mm 铜皮进行补配，并临时固定。			
	 裁剪铜皮	 补配后		

2018 年 7 月 17 日 ~ 19 日	器物残缺部位补配完成，使用环氧树脂胶对补配处通体进行加固、腻平，24 小时干燥后使用洁牙机进行打磨。

环氧树脂加固

挂胶打磨后

2018 年 7 月 20 日 ~ 21 日	使用油画笔蘸取 1% 丙烯酸树脂 B72 乙酸乙酯溶液，在通风橱内对器物进行涂刷封护。用矿物颜料做旧。 最后，进行拍照、称重、完善保护修复档案。

丙烯酸树脂封护

做旧

表 4-1-4　文物保护修复验收表

自评估意见：

　　该件器物锈蚀严重、残缺不全，严重影响器物整体稳定性。揭取后，针对表面硬结物采用物理方法剔除，为加强壶身残缺部分的支撑力度，采用铜皮焊接补配，环氧树脂加固的方法进行修复。基本恢复文物原貌及稳定性后，进行封护、做旧处理，修复效果良好，达到预期目标。

签章：崔鹤
日期：2018 年 7 月 21 日

验收意见：

签章：
日期：　　年　月　日

4.2　双环耳铜壶（W1516）保护修复

馆藏金属文物保护修复档案

项目名称：<u>青岛市黄岛区博物馆馆藏金属文物保护修复项目</u>

文物名称：<u>　　　　　　　双环耳铜壶　　　　　　　　</u>

2017 年 10 月

中华人民共和国国家文物局制

表 4-2-1　文物保护修复基本信息表

文物名称	双环耳铜壶	文物序号	HD187
收藏单位	青岛市黄岛区博物馆	文物登录号	W1516
文物来源	发掘	文物时代	战国
文物材质	青铜	文物级别	未定级
方案设计单位	山东省文物保护修复中心	保护修复单位	山东省文物保护修复中心
方案名称	《青岛市黄岛区博物馆馆藏金属文物保护修复方案》	批准单位及文号	国家文物局文物博函〔2016〕517号
提取日期	2018年7月11日	提取经办人	张坤、刘英杰
返还日期	2018年8月19日	返还经办人	张坤、刘英杰
备　注			

表 4-2-2　文物保存现状表

尺寸（cm）	破碎	重量(g)	1740
文物保护环境	文物存放在青岛市黄岛区博物馆三楼库房，与陶瓷器、石质文物等混合在一起，无温湿度控制系统。		
病害状况	器物破碎严重，表面锈蚀物附着，质地坚硬，多处有变形状况，并且残缺不全。		
原保护修复情况	无		

保护修复前影像资料（整体）

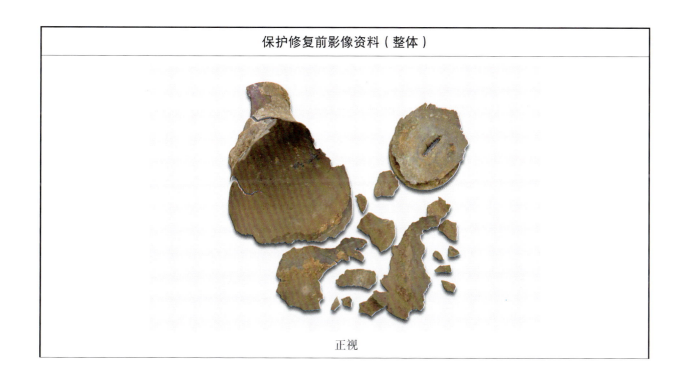

正视

保护修复前影像资料（整体）

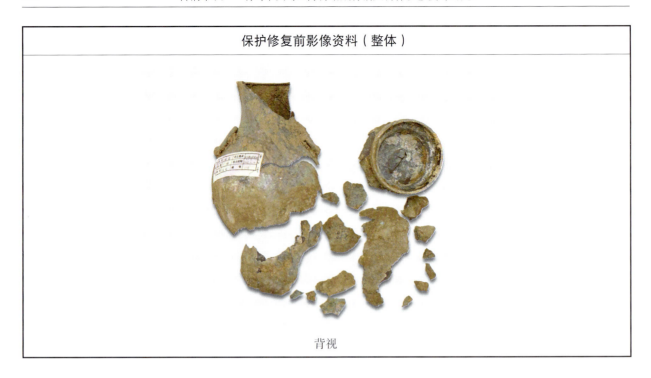

背视

保护修复前影像资料（局部）

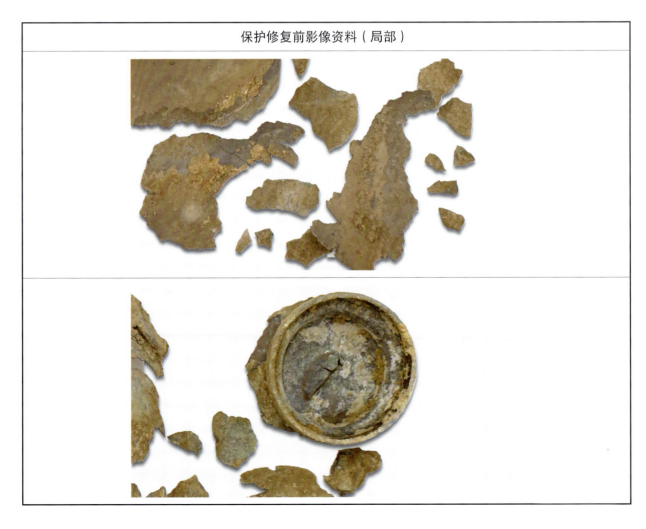

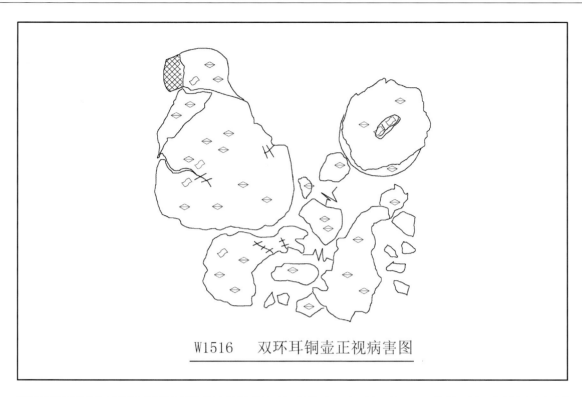

W1516 双环耳铜壶正视病害图

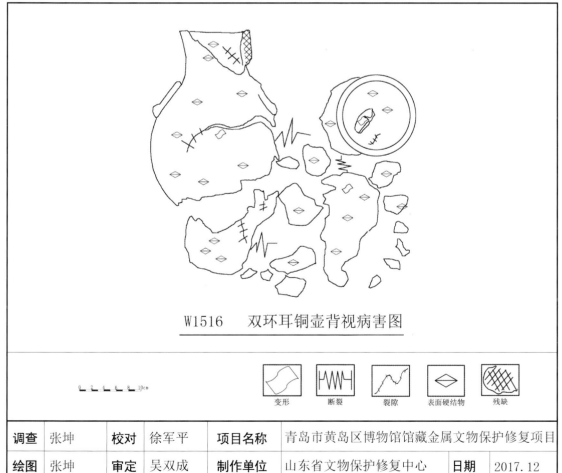

W1516 双环耳铜壶背视病害图

调查	张坤	校对	徐军平	项目名称	青岛市黄岛区博物馆馆藏金属文物保护修复项目		
绘图	张坤	审定	吴双成	制作单位	山东省文物保护修复中心	日期	2017.12

表 4-2-3　文物保护修复记录表

文物保护修复情况综述（材料、工艺、步骤及操作条件，附保护修复后影像资料）： 　　该件双环耳铜壶破碎成 17 块，并且残缺不全。局部存在变形、裂隙、通体锈蚀等病害。提取文物后进行拍照、测量、称重、填写信息卡。首先，使用蒸馏水清洗去除表面浮锈。其次，拼对残片，使用锡焊加固裂隙。残缺部位采用 1mm 黄铜皮补配，矿物颜料做旧。最后，使用 1% 丙烯酸树脂 B72 乙酸乙酯溶液进行封护。				
保护修复后尺寸（cm）	高：30　口径：10　底径：13	保护修复后重量（g）		1840
完成日期	2018 年 8 月 18 日	修复人员	张坤	审核	徐军平

保护修复后影像资料

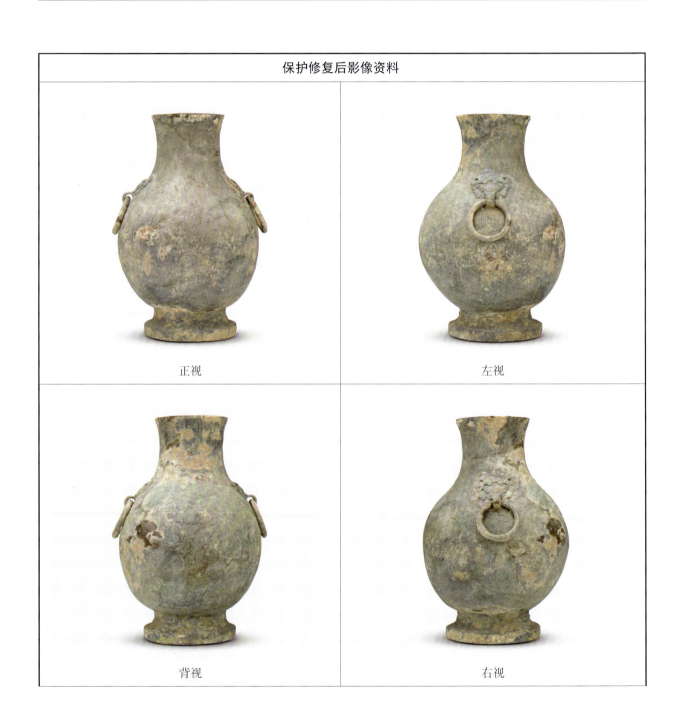

正视	左视
背视	右视

保护修复后影像资料	

顶视	底视

保护修复日志				
文物名称	双环耳铜壶	修复人员	张坤	日期	2018 年 7 月 11 日 ~ 2018 年 8 月 18 日
日期	工作内容			
2018 年 7 月 11 日 ~ 13 日	首先，进行拍照、测量、称重工作，并填写信息卡、绘制病害图。其次，使用蒸馏水、毛刷清洗去除器物表面附着物。然后，拼对残片，发现器物残缺不全。将残片焊接加固，铜质较好的部位，采用铜扒钉焊接加固，这样可以提高壶身的整体稳固性。			
	 蒸馏水清洗		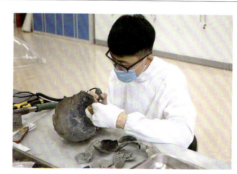 残片拼对	
2018 年 7 月 14 日 ~ 15 日	对于铜质较差的部位，采用通焊的方法加固。壶身加固完成，将壶底与壶身焊接加固，这样可确定铜壶的高度为 30cm。			

扒钉焊接

开焊口

焊接加固

残片焊接加固后

2018 年 7 月 16 日 ～ 18 日	采用 1mm 黄铜皮对残缺部位进行补配。将残缺处形状画在铜皮上，裁剪出铜皮样，使用锡焊加固。补配焊接工作完成后，使用洁牙机打磨去除多余焊锡，将器物浸泡蒸馏水 24 小时去除焊剂。

裁剪铜皮

补配后

浸泡在蒸馏水中去除焊剂

腻平

2018 年 7 月 19 日 ~ 20 日	使用环氧树脂胶对补配处腻平，并在胶内加入矿物颜料，以便于后期做旧。待树脂胶干燥后打磨去除多余胶体。使用速成铜补配残缺的铜环，并打磨修整成型。

铜环补配

环氧树脂腻平后

2018 年 8 月 16 日 ~ 18 日	使用油画笔蘸取 1% 丙烯酸树脂 B72 乙酸乙酯溶液，在通风橱内对器物进行涂刷封护。使用矿物颜料做旧。 最后，进行拍照、称重、完善保护修复档案。

丙烯酸树脂封护

做旧

表 4-2-4　文物保护修复验收表

自评估意见：

　　该件双环耳铜壶破碎为 17 块，且残缺不全，局部存在变形、裂隙、锈蚀等病害。将碎片清理干净后进行比对，使用焊接与粘接相结合的方法拼接，确定器物基本形状。对残缺严重部位使用较厚的铜皮进行补配，补配后器物基本恢复原有形状。为提高观赏性，对补配及粘接位置进行必要的做旧处理，并进行整体封护。经过修复后，文物得以恢复原貌并可以满足展陈、研究需求。

签章：张坤

日期：2018 年 8 月 21 日

验收意见：

签章：

日期：　　年　月　日

4.3　青铜鼎（Z0038）保护修复

馆藏金属文物保护修复档案

项目名称：青岛市黄岛区博物馆馆藏金属文物保护修复项目

文物名称：　　　　　　青铜鼎

2017 年 10 月

中华人民共和国国家文物局制

表 4-3-1　文物保护修复基本信息表

文物名称	青铜鼎	文物序号	HD231
收藏单位	青岛市黄岛区博物馆	文物登录号	Z0038
文物来源	发掘	文物时代	西周
文物材质	青铜	文物级别	未定级
方案设计单位	山东省文物保护修复中心	保护修复单位	山东省文物保护修复中心
方案名称	《青岛市黄岛区博物馆馆藏金属文物保护修复方案》	批准单位及文号	国家文物局 文物博函〔2016〕517 号
提取日期	2018 年 8 月 6 日	提取经办人	张坤、崔鹤
返还日期	2018 年 8 月 25 日	返还经办人	张坤、崔鹤
备　注			

表 4-3-2　文物保存现状表

尺寸（cm）	破碎	重量 (g)	680
文物保护环境	文物存放在青岛市黄岛区博物馆三楼库房，与陶瓷器、石质文物等混合在一起，无温湿度控制系统。		
病害状况	器物通体有土锈及硬结物，残缺严重，仅剩 4 块残片，器物口沿部位有多处残缺，耳部已破损可见铸造时使用的内置泥芯，腹部残缺大约 1/2，足部缺失两处，破损处亦可见内置泥芯。		
原保护修复情况	无		

保护修复前影像资料（整体）
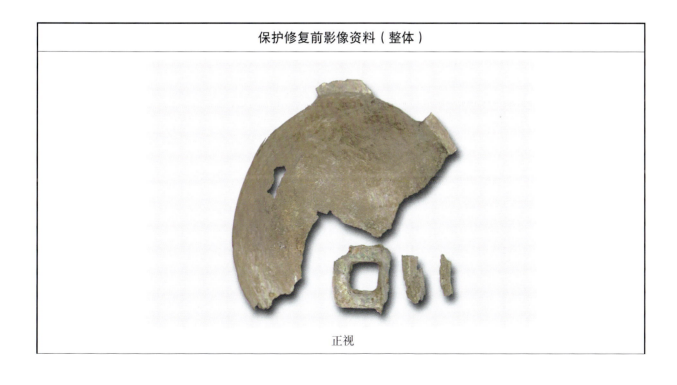 正视

保护修复前影像资料（整体）

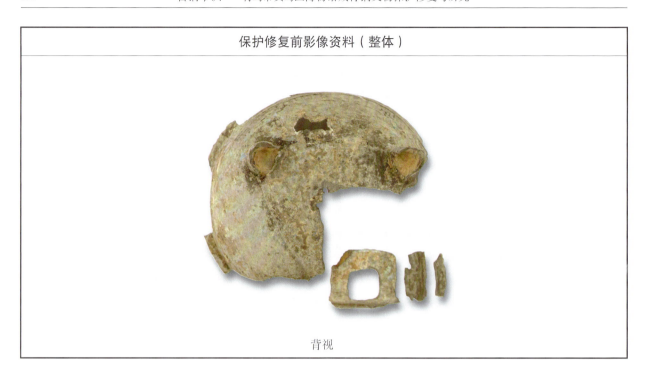

背视

保护修复前影像资料（局部）

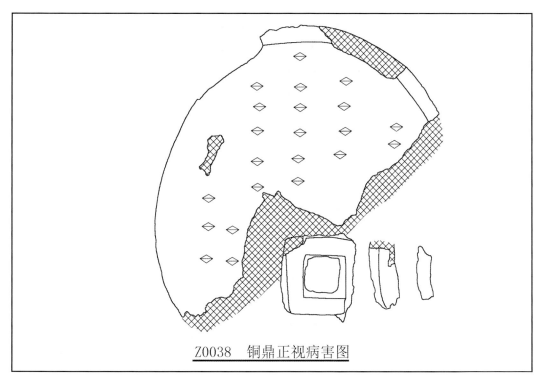

Z0038　铜鼎正视病害图

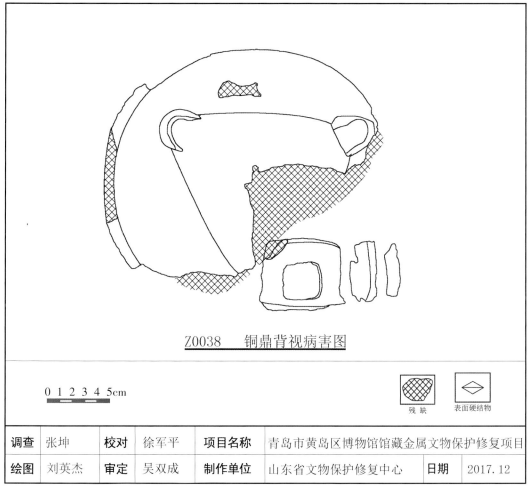

Z0038　铜鼎背视病害图

0 1 2 3 4 5cm

残　缺　　　表面硬结物

调查	张坤	校对	徐军平	项目名称	青岛市黄岛区博物馆馆藏金属文物保护修复项目		
绘图	刘英杰	审定	吴双成	制作单位	山东省文物保护修复中心	日期	2017.12

表 4-3-3　文物保护修复记录表

文物保护修复情况综述（材料、工艺、步骤及操作条件，附保护修复后影像资料）： 该件铜鼎残缺严重，器物表面有大量锈蚀物。提取文物后进行拍照、测量、称重、填写信息卡。采用机械除锈、锡焊焊接、石膏翻模、铜皮补配、环氧树脂胶粘接、砂纸打磨整形等技术措施进行修复。最后，使用 1% 丙烯酸树脂 B72 乙酸乙酯溶液进行封护、矿物颜料做旧。				
保护修复后尺寸（cm）	高：17.9　耳距：28　口沿：26	保护修复后重量（g）		1050
完成日期	2018 年 8 月 25 日	修复人员	崔鹤	审核	徐军平

保护修复后影像资料

正视	背视
左视	右视

保护修复后影像资料

顶视

底视

保护修复日志					
文物名称	铜鼎	修复人员	崔鹤	日期	2018 年 8 月 6 日 ~ 2018 年 8 月 25 日
日期	工作内容				
2018 年 8 月 6 日 ~ 10 日	补配鼎腹。首先，进行拍照、测量、称重、填写信息卡、绘制病害图。其次，对锈蚀物取样、机械除锈、拼对残片后进行锡焊焊接，再放入蒸馏水中浸泡 24 小时去除焊剂。 　　器物腹部缺失大约 1/2，根据残留部位进行翻模处理，使用石膏粉制作内外模具，完成后，在模具内加入环氧树脂胶，制作残缺的腹部，待 24 小时完全固化后取出。 　　最后，待补配的腹部固化后，分别使用 120 目与 400 目砂纸对补配处做打磨处理。				

取样位置 -1

取样位置 -2

焊接

焊接后状态

翻模与补配

打磨

2018 年 8 月 11 日~13 日	补配鼎耳。首先，测量残留的耳部尺寸，用 1mm 铜皮裁剪出补配形状。其次，锡焊焊接，并加入锡水加固，待固化后，放入蒸馏水中浸泡 24 小时去除焊剂。最后，使用磨刻机打磨补配处，去除多余焊锡，测量距离，定位安装耳部，并用环氧树脂胶粘接补配的鼎耳。

鼎耳焊接件

鼎耳铜皮补配效果

2018 年 8 月 14 日~17 日	补配鼎足。首先，根据原有足部进行翻模。其次，用环氧树脂胶制作缺失足部，测量高度，并根据范线距离，安装在缺失处。最后，用 400 目砂纸对补配处进行打磨处理。

鼎足补配	鼎足补配效果

2018 年 8 月 18 日 ~ 25 日	使用油画笔蘸取 1% 丙烯酸树脂 B72 乙酸乙酯溶液，在通风橱内对器物进行封护。使用矿物颜料对补配修复部位进行做旧处理。 最后，进行拍照、称重、完善保护修复档案。

整体封护	做旧

表 4-3-4 文物保护修复验收表

自评估意见：
该件器物通体有土锈及硬结物，残缺严重，仅剩 4 块残片，器物口沿部位有多处残缺，耳部已破损可见内置泥芯，腹部残缺大约 1/2，足部缺失两处，破损处亦可见内置泥芯。在机械除锈后，对残存部分进行清理拼接，使用石膏进行翻模，环氧树脂胶补配。而对于残缺的耳部，使用铜皮补配，这样便于制作出立体效果。完成补配后，进行整体封护及做旧处理。修复效果达到预期目标，基本恢复器物原状，满足展陈及研究需求。 　　　　　　　　　　　　　　　　　　　　　　　　　　　　签章：崔鹤 　　　　　　　　　　　　　　　　　　　　　　　　　　　　日期：2018 年 8 月 25 日
验收意见：   　　　　　　　　　　　　　　　　　　　　　　　　　　　　签章： 　　　　　　　　　　　　　　　　　　　　　　　　　　　　日期：　　年　月　日

4.4　青铜鼎（Z0040）保护修复

馆藏金属文物保护修复档案

项目名称：青岛市黄岛区博物馆馆藏金属文物保护修复项目

文物名称：_____青铜鼎_____

2017 年 10 月

中华人民共和国国家文物局制

表 4-4-1　文物保护修复基本信息表

文物名称	青铜鼎	文物序号	HD233
收藏单位	青岛市黄岛区博物馆	文物登录号	Z0040
文物来源	发掘	文物时代	西周
文物材质	青铜	文物级别	未定级
方案设计单位	山东省文物保护修复中心	保护修复单位	山东省文物保护修复中心
方案名称	《青岛市黄岛区博物馆馆藏金属文物保护修复方案》	批准单位及文号	国家文物局 文物博函〔2016〕517号
提取日期	2018年7月21日	提取经办人	刘英杰、张坤
返还日期	2018年8月21日	返还经办人	刘英杰、张坤
备　注			

表 4-4-2　文物保存现状表

尺寸（cm）	破碎	重量（g）	6850
文物保护环境	文物存放在青岛市黄岛区博物馆三楼库房，与陶瓷器、石质文物等混合在一起，无温湿度控制系统。		
病害状况	器物通体附着土锈及硬结物，表面有早期修补痕迹。残缺严重，破碎成32块，2个足部缺失。		
原保护修复情况	曾粘接修复。		

保护修复前影像资料（整体）

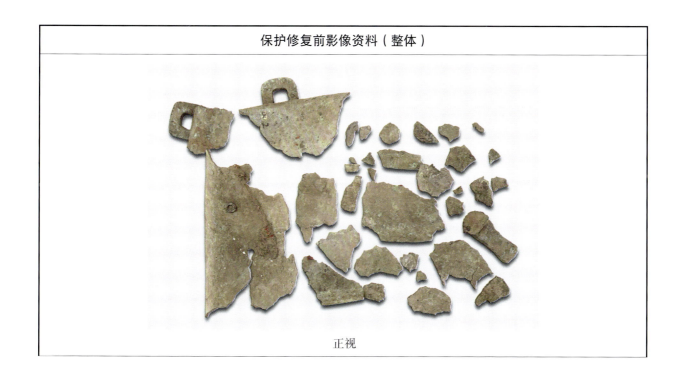

正视

保护修复前影像资料（整体）

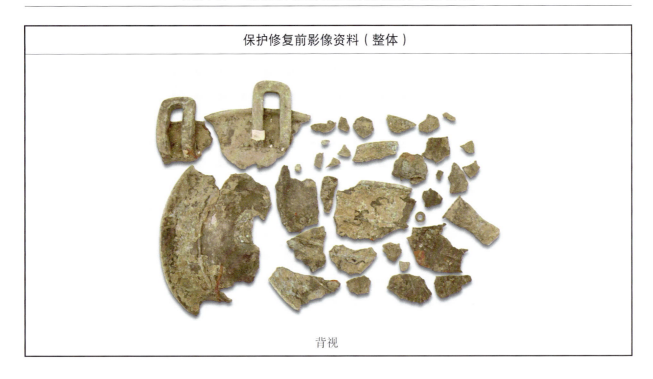

背视

保护修复前影像资料（局部）

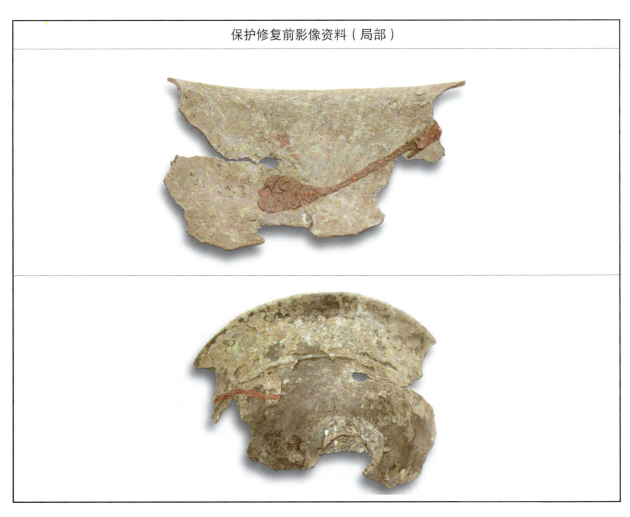

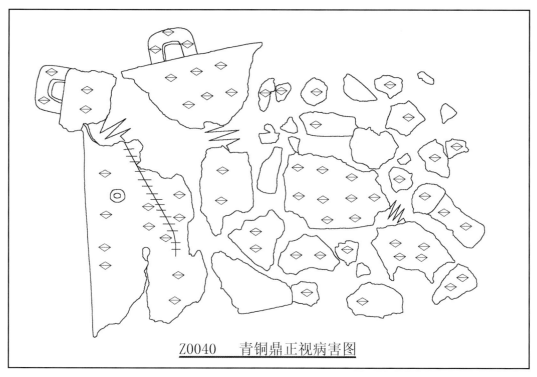

Z0040　青铜鼎正视病害图

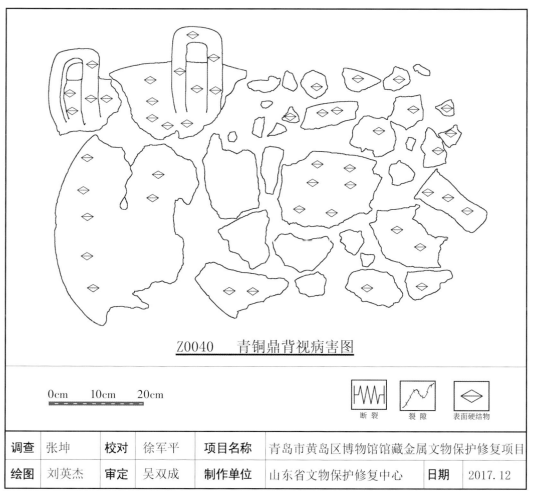

Z0040　青铜鼎背视病害图

0cm　　10cm　　20cm

	断 裂	裂 隙	表面硬结物

调查	张坤	校对	徐军平	项目名称	青岛市黄岛区博物馆馆藏金属文物保护修复项目		
绘图	刘英杰	审定	吴双成	制作单位	山东省文物保护修复中心	日期	2017.12

表 4-4-3   文物保护修复记录表

文物保护修复情况综述（材料、工艺、步骤及操作条件，附保护修复后影像资料）：

　　该件青铜鼎通体附着土锈及硬结物，器物表面可见早期修补痕迹。残缺严重，破碎成32块，2个足部缺失。首先，进行拍照、测量、称重、填写信息卡。其次，用棉棒蘸取2A溶液擦拭表面土锈，机械清理表面较硬的附着物。拼对残块，锡焊焊接。石膏翻模，铜皮补配，环氧树脂胶粘接，雕刻机打磨。最后，使用1%丙烯酸树脂B72乙酸乙酯溶液，在通风橱内进行封护，矿物颜料做旧。

保护修复后尺寸（cm）	耳距：44.7　高：32.2　口径：40.3	保护修复后重量（g）	7480		
完成日期	2018年8月21日	修复人员	刘英杰、张坤、崔鹤	审核	徐军平

保护修复后影像资料

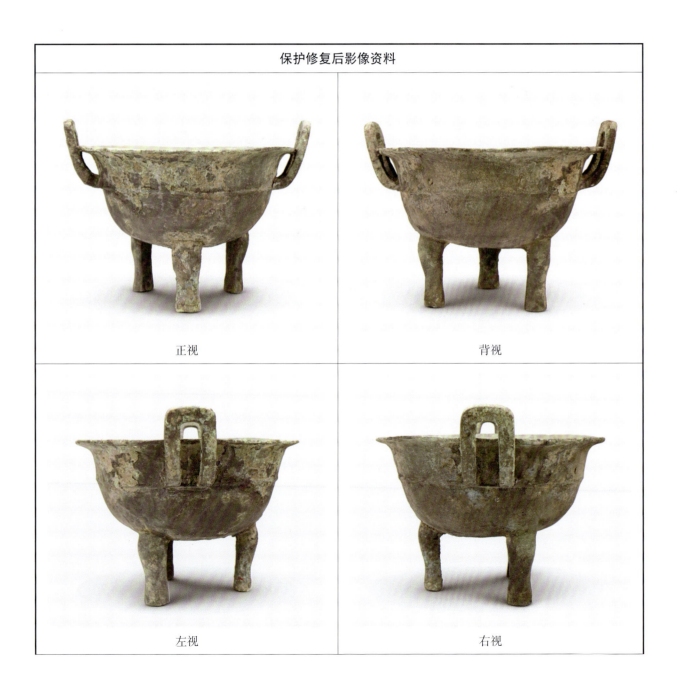

正视	背视
左视	右视

保护修复后影像资料

顶视

底视

保护修复日志					
文物名称	青铜鼎	修复人员	刘英杰、张坤、崔鹤	日期	2018 年 7 月 21 日 ~ 2018 年 8 月 21 日
日期	工作内容				
2018 年 7 月 21 日 ~ 25 日	首先，进行拍照、测量、称重工作、填写信息卡、绘制病害图。然后，对锈蚀物进行取样，拼对剩余残片，发现其中一片带有铭文。使用毛刷蘸取 2A 溶液擦拭残片表面，清理土锈后，可见 9 个字铭文，其中可识读铭文分别是：子、其、册、萬、作。 　　用棉棒蘸取 2A 溶液擦拭表面土锈，机械清理表面较硬的附着物。先拼对口沿处残片，找出可连接茬口，使用锡焊焊接，由于残片自重大，只用锡焊并不牢固，所以同时在茬口处打入铜钉加固。				

取样 -1

取样 -2

清理铭文

锡焊焊接

裁剪铜钉

2018 年 7 月 26 日 ~ 30 日	继续拼对其余残片，发现底部缺失严重，使用打制铜皮补配法进行修复。因受力较大，在补配底部时，选用 1mm 厚度铜皮进行补配，腹部残缺处使用 0.3mm 铜皮焊接补配，完成后放入蒸馏水中浸泡 24 小时去除焊剂。

焊接腹部

铜皮补配

2018 年 7 月 31 日	鼎足补配。器物有两足缺失，首先，根据留存的足部形状进行翻模，主要使用石膏粉制作内外模具。然后，在模具内加入环氧树脂胶，制作残缺的足部，待 24 小时完全固化后取出。

石膏翻模

2018 年 8 月 1 日	使用环氧树脂胶对器物补配部位进行挂胶处理。 使用雕刻机对复制的足部进行打磨处理。

环氧树脂挂胶

2018 年 8 月 2 日 ~ 9 日	使用雕刻机打磨去除粘接和补配产生的多余胶痕以及焊锡的痕迹，对不足的地方重新挂胶处理。 　　两足打磨修整好后，进行定位粘接。主要使用直角尺测量足到腹部的高度以及距离范线的位置，用环氧树脂胶对补配的两足进行定位粘接，不平整处再做进一步打磨处理。

测量高度

环氧树脂胶粘接

2018 年 8 月 10 日 ~ 21 日	使用油画笔蘸取 1% 丙烯酸树脂 B72 乙酸乙酯溶液，在通风橱内对器物进行涂刷封护。使用矿物颜料对器物进行做旧处理。 　　最后，进行拍照、称重，完善保护修复档案。

封护

做旧

表 4-4-4 文物保护修复验收表

自评估意见：
该件器物整体残缺严重，仅残存 32 块碎片。对残片清理后，根据残存的形状及缺口进行比对，比对成功的使用焊接加铜钉的方法进行拼接。清理过程中，发现一件残片上铸有铭文，对铭文的字口进行仔细清理，并保留图片、文字、X 光探伤成像资料以便后期研究。拼接后，根据现有形状使用石膏翻模、铜皮补配、环氧树脂粘接、雕刻机打磨、封护、做旧等方法处理。修复效果良好，达到预期目标。 　　　　　　　　　　　　　　　　　　　　　　　　　　　　签章：刘英杰 　　　　　　　　　　　　　　　　　　　　　　　　　　　　日期：2018 年 8 月 21 日
验收意见：   　　　　　　　　　　　　　　　　　　　　　　　　　　　　签章： 　　　　　　　　　　　　　　　　　　　　　　　　　　　　日期：　　年　月　日

　　在具体修复过程中，工作人员发现部分青铜文物的破损程度较为严重，修复工艺复杂，清理时发现有重要价值的铭文，这些器物的保护修复具有一定典型性和特殊性。例如双环耳铜壶（W1515）和双环耳铜壶（W1516）残破较为严重；青铜鼎（Z0038）残缺一半以上，腹部和耳部补配工艺复杂；弦纹青铜鼎（Z0040）有铭文发现，为该鼎的断代考证提供了重要的参考。据此选取了几件器物的案例，形成修复档案进行呈现，档案以修复时的文物序号进行排列。

　　　　　　　　　　　　　　　　　　　　（本章由徐军平、刘靓撰写）

第五章　馆藏青铜文物研究

青岛市黄岛区地处山东半岛东南部、胶州湾西岸，滨黄海而立，区内有大小珠山、藏马山等山脉，白马河、吉利河、风河等河流，山水相济，河海表里，由北辛到大汶口、龙山、岳石文化，一脉相承，绵延有序。周代以降，琅邪（今青岛市黄岛区）建邑，先属莒，后归齐，秦汉时期琅邪郡县（今青岛市黄岛区琅琊镇驻地）建制在兹，百代绍继给黄岛区留下了丰富的文化遗产。2016 年，山东省文物保护修复中心与青岛市黄岛区博物馆联合对馆藏 288 件青铜器进行保护修复，主要包括鼎、鬲、敦、豆、壶、鉴、銷、釜、洗等青铜容器，戈、剑、镞等青铜兵器，齐刀币、汉钱坨等古代钱币，铜镜，明清铜造像以及铜刷、带钩等青铜杂项共六大类。在修复过程中，工作人员在器形、铭文等方面有很多新的发现，为研究黄岛区乃至鲁东南沿海地区历史发展和文化交流提供了新的资料。

5.1　周代青铜容器研究

青岛市黄岛区博物馆馆藏周代青铜容器主要包括鼎、鬲、敦、豆、壶等器形，除少量为近年考古所得外，多为 20 世纪中后期在辖域内征集，没有非常明确的出土地点，且保存状况较差。经过此次保护修复后，很多器物得以完整呈现。

5.1.1　周代青铜容器介绍

1. 鼎

（1）波曲纹鼎（W0567）

折沿，方唇，口微敛，立耳外撇，耳饰两周弦纹。深腹，腹壁近直，下腹微垂，上部饰一周重环纹，下部饰波曲纹。腹部三道范线分别与足相对。圜底，底裂，微残。三足初具蹄状，尚保留柱足部分特征，中足位置靠前，与腹壁平直，足根部饰兽面纹，中出扉棱，下饰一周弦纹。器高 27.2、口径 26.5、耳高 6.5、耳距 28 厘米。该鼎保存状况较好，1974 年 4 月从灵山岛李家村征集，国家二级文物。（图 5-1）

（2）波曲纹四耳鼎（W0656）

平沿，方唇，口微敛。口沿下方有立耳，立耳中部紧贴口沿，中有小横梁连接。两立耳之间对称有一对附耳，呈兽首状，刻划简单纹饰。腹部饰一周波曲纹，波曲纹不起折，中间夹以三道平行弦纹，波峰较高，中间填充眉、口状纹饰。圜底，三瘦蹄足。器物铸造粗糙，足中空，可

图 5-1　波曲纹鼎（W0567）及腹部纹饰（局部）

见范土。出土地点不详，原破碎为 9 片，包括半个鼎腹及一足、一立耳、一附耳。经修复后器高 19.3、口径 24.6、立耳高 6.7、附耳高 6.4 厘米。（图 5-2）

（3）弦纹大鼎（Z0040）

平沿，方唇，敞口。口沿下方有耳，微外撇，耳中部紧贴口沿，中有细小横梁连接。腹部近盂形，饰一周粗弦纹，三兽蹄足。器物出土地点不详，原破碎为 32 块残片，通体有土锈及硬结物，表面有早期修补痕迹，其中一片带有铭文。修复后高 32.2、口径 40.3、耳距 44.7 厘米。铭文残片经清理后可见七字：（伯）册作……（鼎），其万……，子……用（或宝）。通过清理发现，铭文很多笔画由点状凿痕构成，应是翻模后字口不深，用实心钻工具加深了部分字口。（图 5-3）

（4）窃曲纹鼎（W0576）

立耳，耳饰两周弦纹，平沿方唇。深腹，腹壁圆曲，平底。三兽蹄足粗壮。腹部饰五组窃曲纹，每组纹饰呈一正一反的"ᘉ"形，首尾相对，上下及首尾两端作两叉状，主体纹饰之上线刻窃曲纹。下饰一周粗弦纹。器高 28、口径 30、耳高 6.6、耳距 28.6 厘米。滨海街道石屋子沟修水库时出土，国家二级文物。（图 5-4）

图 5-2　波曲纹四耳鼎（W0656）

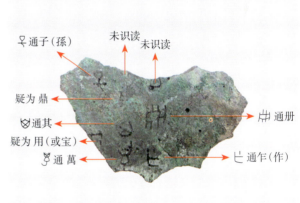

图 5-3　弦纹大鼎（Z0040）及铭文（局部）

图 5-4　窃曲纹鼎（W0576）

2.鬲

2件，形制相同，皆宽侈沿，圆唇内敛，束颈，腹部较浅，高窄裆，圆肩，袋状的腹部向下斜收呈锥平足。一件（W0575）腹部饰上下相叠的"S"形窃曲纹，高17.6、口径17.3厘米，滨海街道石屋子沟修水库时出土，修复前口沿微残，国家二级文物（图5-5-1）。一件（W0566）腹部饰中目"S"形窃曲纹，纹饰类似于两段夔龙纹首尾相接，高19、口径21厘米，征集于灵山卫街道（图5-5-2）。

3.荆公孙敦（W0658）

器身作半球形，平沿圆唇，口沿下束颈，折肩，有两圆环耳，腹部满饰乳丁纹，平底，下有三兽蹄小足。高10.7、口径20.7厘米。内壁有铭文3行"荆公孙铸其善敦，老寿用之，大宝无期"。清末出土于六汪镇齐长城附近，国家二级文物（图5-6）。

图5-5-1　S形窃曲纹鬲（W0575）　　　　图5-5-2　中目S形窃曲纹鬲（W0566）

图5-6　荆公孙敦（W0658）及铭文拓片

图 5-7　青铜鼎（W1509）

图 5-8　青铜盖豆（W1513）

4. 鼎、豆、壶组合

这组青铜器于 2002 年出土于王台镇田家窑墓地 M1，发现时墓葬遭到严重破坏，该组青铜器为征集所得。

鼎，2 件，有盖，形制相同。弧形盖，上有三环形纽，盖与器身扣合呈扁圆形。器身为子母口，口微敛，方唇，鼓腹，圜底近平，口沿下有两立耳，耳微外撇，三兽蹄形足。一件（W1509）略高，口径 17、腹径 17.4、通高 20.2、壁厚 0.2 ～ 0.5 厘米（图 5-7）；一件（W1510）略矮，口径 20.2、腹径 22.2、通高 19.9、壁厚 0.2 ～ 0.5 厘米。鼎盖上有丝织物包裹痕迹，出土时鼎内有动物椎骨及肋骨。

盖豆，4 件（W1511 ～ W1514），形制相同。出土时 3 件完整，1 件器柄与器身分离。覆碗形器盖，碟形捉手，豆盘较深，盖与器身扣合呈扁圆形。豆盘为子母口，口微敛，深腹，圜底近平，空心柄较粗，喇叭形圈足，腹部两对称环形耳，通体满饰瓦楞纹，铸成后有修补痕迹。器盖捉手、豆盘、豆柄为分铸后焊接而成。口径 17.4 ～ 17.6、圈足径 13.8 ～ 13.9、通高 28、壁厚 0.1 ～ 0.4 厘米（图 5-8）。

壶，2 件（W1515、W1516），形制相同，出土时破损严重。侈口，平沿方唇，长颈，溜肩，鼓腹，圜底，圈足，肩部饰对称的铺首衔环耳。铺首纹饰精美，饕餮纹刻画清晰。修复后，口径 10、圈足径 13 厘米，一件通高 29.3 厘米，一件通高 30 厘米（图 5-9）。[1]

5.1.2　器物年代研究

因保存状况不佳，青岛市黄岛区博物馆馆藏的周代青铜器一直缺乏系统研究。2016 年以来，经过山东省文物保护修复中心、青岛市黄岛区博物馆联合修复，很多器形得以完整展现。器形以

［1］青岛市黄岛区博物馆、青岛市文物保护考古研究所：《黄岛区田家窑墓地 M1 发掘简报》，青岛市文物保护考古研究所编著《青岛考古（二）》，科学出版社，2015 年。

图 5-9　青铜壶（W1516）及铺首衔环纹饰

及新发现的纹饰、铭文等为器物年代断定提供了更加明确的资料。

1. 西周晚期青铜器

波曲纹鼎口沿下方的重环纹组合中，长环的一端为半圆，一端为内凹而出的两角，两重环间夹一近耳形的短环。腹部的波曲纹，波带每一峰间左右对称起折，中间夹以并列的弦纹，波带空隙中填充眉、口状纹饰，这些纹饰主要流行于西周晚期到春秋早期。兽面鼎足兼具柱状足和兽蹄足的特征，由柱足向兽蹄足演变。该鼎与岐山县董家村西周青铜器窖藏出土的亚鼎器形相近[1]，与天马—曲村北赵晋侯墓地 M64 出土的晋侯邦父鼎器形及腹部主体纹饰相似。董家村青铜器窖藏准确纪年最晚到周宣王时期，晋侯邦父墓系西周晚期。因此，波曲纹鼎应为西周晚期器物。

四耳器多见于青铜簋，西周初年出现，主要流行在周穆王以前，考古所见的四耳簋主要集中在宝鸡区域，器物年代较早且形式丰富，流行于以姬姓贵族为代表的周文化圈。穆王以后，随着青铜簋数量减少，这种四耳器也逐步消失[2]。四耳鼎在青铜鼎中较少见，西周早期的淳化大鼎腹部饰有两个兽面附耳。青岛市黄岛区博物馆所藏的四耳鼎形制上与天马—曲村遗址北赵晋侯墓地 M8 出土的晋侯稣鼎相似[3]，主体纹饰是流行于西周晚期的波曲纹，与史颂簋纹饰相近。附耳刻划简单，兽首细小，应为西周晚期器物。

弦纹大鼎征集入馆时破损严重，经修复后始见原貌。该鼎器形、纹饰与《商周彝器通考》收录的大鼎[4]、1981 年岐山县北郭公社曹家沟出土的鄁骏鼎相近[5]。馆藏弦纹大鼎高 32.2、口径 40.3 厘米，鄁骏鼎通高 32、口径 37 厘米，二者体量相当，亦为西周晚期器物。

[1] 山西省考古研究所、北京大学考古系：《天马—曲村遗址北赵晋侯墓地第四次发掘》，《文物》1994 年第 8 期；岐山县文化馆、陕西省文管会：《陕西省岐山县董家村西周铜器窖穴发掘报告》，《文物》1976 年第 5 期。
[2] 梁彦民：《西周时期的四耳青铜簋研究》，《江汉考古》2009 年第 2 期；任雪莉：《商周青铜簋整理与研究》，陕西师范大学博士学位论文，2014 年，第 166 页。
[3] 北京大学考古系、山西省考古研究所：《天马—曲村遗址北赵晋侯墓地第二次发掘》，《文物》1994 年第 1 期。
[4] 容庚著：《商周彝器通考》，中华书局，2012 年，图版七八。
[5] 祁健业：《岐山县北郭公社出土的西周青铜器》，《考古与文物》1982 年第 2 期。

2. 春秋早期青铜器

春秋早期，黄岛区辖域主要为莒国势力范围，青铜器风格多受莒文化影响，器形主要为莒式鼎和鬲。器物腹部多饰一周由窃曲纹组成的环带，主体纹饰为"⌣"和"S"形两层刻划的窃曲纹，第一层为外廓，粗犷简单，第二层在外廓上刻划一至两圈细线。青岛市黄岛区博物馆藏窃曲纹鼎，器形与临沂花园公社春秋早中期莒国墓出土的青铜鼎、莒县寨里河镇老营村出土的青铜鼎相近[1]，两件青铜鬲与1984年临沂市汤河乡中恰沟村出土的春秋早期夔龙纹青铜鬲[2]、1996年莒县西大庄周代墓出土的春秋早期素面青铜鬲[3]器形相同，是典型的春秋早期莒式青铜器。

3. 春秋晚期青铜器

目前发现的荆公孙敦除青岛市黄岛区博物馆馆藏1件外，故宫博物院亦藏有1件，器盖完整[4]。此外，临朐杨善曾出土与荆公孙敦形制、纹饰相同的铜敦，同出的还有齐景公时期公孙灶壶[5]。《左传·襄公二十八年》记载"子雅、子尾怒"，高诱《吕览注》称"公孙灶，惠公之孙，公子栾坚之子子雅也"[6]。公孙灶曾于齐景公三年（前545年）上台执政，死于齐景公九年（前539年）。荆公孙敦与公孙灶壶同时，景公又系谥号，因此荆公孙敦的年代上限不早于齐景公卒年（前490年）。

4. 战国晚期青铜器

王台镇田家窑墓地M1出土的青铜鼎、豆、壶组合，与诸城臧家庄战国墓[7]、淄博市临淄区赵家徐姚战国墓M1出土的列鼎、列豆和青铜壶[8]形制相同。臧家庄战国墓出土的编钟、编镈带有铭文"墬斿立事岁，十月己亥，莒公孙朝子造器"，"墬"的书写方式和"立事岁"表达方式是典型的齐国风格。赵家徐姚战国墓M1墓壁内收成多级台阶并涂刷白粉，底部有较大的生土二层台，墓室四周充填鹅卵石，墓底南部挖有一个器物坑，是战国晚期齐国墓葬。因此，推测田家窑墓群出土的青铜鼎、豆、壶是战国晚期齐国贵族用器。

5.1.3 弦纹大鼎和荆公孙敦铭文

青岛市黄岛区博物馆馆藏周代青铜器中，仅弦纹大鼎和荆公孙敦带有铭文。荆公孙敦发现较早，学界对铭文早有研究。弦纹大鼎铭文不全且不清晰，但从目前可隶定的文字看，这片残缺的铭文仍提供了很多历史信息。

弦纹大鼎的铭文是在青铜器修复过程中偶然发现的，仅有一块残片，且甚不清晰。经过清理发现第一行残有3字，第一个字残存下半部分"⌣"，金文中字体下半部分与此相似的有"以"

［1］齐文涛：《概述近年来山东出土的商周青铜器》，《文物》1972年第5期；苏兆庆编著《古莒遗珍》，人民美术出版社，2007年，第54页。
［2］临沂市博物馆：《山东临沂中恰沟发现三座周墓》，《考古》1987年第8期。
［3］莒县博物馆：《山东莒县西大庄西周墓葬》，《考古》1999年第7期。
［4］王恩田：《荆公孙敦的国别与年代》，《文物春秋》1992年第2期。
［5］齐文涛：《概述近年来山东出土的商周青铜器》，《文物》1972年第5期。
［6］杨伯峻编著：《春秋左传注》，中华书局，1990年，第1146页。
［7］山东诸城县博物馆：《山东诸城臧家庄与葛布口村战国墓》，《文物》1987年第12期。
［8］淄博市临淄区文化局：《山东淄博市临淄区赵家徐姚战国墓》，《考古》2005年第1期。

和"伯"，小臣謎簋、班簋、五祀卫鼎等铭文中的"以"字下半部分皆有此字形[1]，但"以"多以虚词出现，少见出现在铭文篇首，故疑此字为"伯"；第二个字为"册"；第三字隶定为"乍"，即"作"。第二行可见有4个字，第一个字仅存最下方两个竖，无法判断；第二个字仅存上半部分，且字笔画模糊，类似于"鼎"字的上半部分"᠘"，疑为"鼎"；第三个字隶定为"⊠"，即"其"；第四个字为"万"。第三行可见有2个字，第一字较完整，为"子"；其后空2个字的位置，应已磨泐；最后残存一字的右上角笔画，疑为"宝"或"用"字的一部分。从现存文字位置分析，"伯"字之上应还有一字，"作"和"万"分别为第一行和第二行最后一字。由此隶定全篇铭文为3行15字：□伯册作／（宝？）鼎，其万／年，子（=孙=永？）（宝？用？）。大鼎和郘骉鼎的做器者皆为西周贵族，因此弦纹大鼎的做器者"□伯册"亦应是等级较高的贵族。

王恩田先生、孙敬明先生都认为荆公孙敦的铭文书写方式和用词符合山东列国铜器铭文特点，"荆""京""景"相同，"荆公孙"即"景公孙"，推断该器为齐景公之孙所作[2]。黄岛区在西周至春秋时期主要是莒国琅邪邑。齐景公时，齐国疆域向东扩展到达大沽河以西区域，《左传·昭公二十年》记载晏婴告诫景公时提到齐国疆域"聊、摄以东，姑、尤以西，其为人也多矣"[3]，姑指大沽河，尤指小沽河。《左传·哀公五年》又载："惠子、高昭子立荼，置群公子于莱。秋，齐景公卒。冬十月，公子嘉、公子驹、公子黔奔卫，公子锄、公子阳生来奔。莱人歌之曰：'景公死乎不与埋，三军之事乎不与谋。师乎师乎，何党之乎？'"杜预注"莱，齐东鄙邑"，此为被齐灵公灭国之莱，在琅邪以西，而出走之公子杜预言"皆景公子在莱者"。[4]"荆公孙"或即在莱安置的诸公子之后，没有随父辈出走，迁到了齐国东南境的琅邪邑。

5.1.4　由用鼎制度看齐文化与东夷土著文化的交流

周朝立国之初，为削弱东夷诸国势力，封周公于鲁，封太公于齐，又将位于鲁南地区的莒国迁计斤（今胶州）。在文化格局上，以鲁、齐为首的姬姓和姜姓封国作为周王室的宗族、姻亲，文化归属上和中原诸国没有太大区别。以莒国等为代表的东夷土著封国，在文化传统上更多地具有地域特色。春秋以来，随着战争、联姻等交流活动，东夷土著与齐文化的交流日益频繁，相互影响更加强烈，在用鼎制度上表现得尤为突出。

周代以来，山东地区的齐、鲁、薛等封国用鼎为形制相同、大小依次递减的奇数组合，搭配偶数组合的盛食器，这与中原诸国没有区别。但是莒国等东夷土著封国，多使用形制相同、大小一致的鼎及盛食器，数量为偶数或奇数，与中原诸国存在差异，这种用鼎制度应是"夷礼"的重要组成部分。随着齐国灭莱，齐文化向东与东夷诸国相互交流影响。在这一过程中，田氏代齐使齐国上层性质发生了变化，原本承袭于华夏周人集团的礼制与文化传统随之动摇。战国以来，东夷文化圈的用鼎方式出现在齐墓中[5]。1956年临淄齐故城南姚王村"凤凰冢"一带，共发现战

［1］容庚编著，张振林、马国权摹补：《金文编》，中华书局，1985年，第995页。
［2］王恩田：《荆公孙敦的国别与年代》，《文物春秋》1992年第2期；孙敬明：《荆公孙敦约解》，山东胶南琅琊暨徐福研究会编《琅琊与徐福研究论文集（二）》，香港东方艺术出版社，2007年，第152~158页。
［3］杨伯峻编著：《春秋左传注》，中华书局，1990年，第1417、1418页。
［4］〔周〕左丘明传，〔晋〕杜预注，〔唐〕孔颖达正义：《春秋左传正义》，李学勤主编《十三经注疏》，北京大学出版社，2000年，第1879页。
［5］丁燕杰：《春秋时期山东地区东夷诸国墓葬用鼎制度研究》，山东师范大学2018年硕士学位论文，第95页。

国早期"国子"铜鼎 8 件，形制、大小相同[1]。战国中期偏早的长清岗辛战国墓，出土铜鼎共 5 件，其中实用器 4 件列鼎为实用器，大小、形制相同，另 1 件为明器[2]。梁县东平湖土山战国中期偏晚的齐国墓出土仿铜陶列鼎共 9 件，分为 2 式，其中 I 式为形制相同、大小不同的 5 件无盖立耳蹄足鼎，最大者通高 60 厘米，最小者通高 54 厘米；II 式为大小、形制相同的 4 件盖鼎[3]。临淄区国家村 M4 也发现有 2 套列鼎随葬现象，分别为铜鼎和仿铜陶鼎各 1 套，每套为形制、大小相同的 2 件列鼎。[4] 战国晚期临淄区赵家徐姚 M1，发现有铜鼎 2 件，为实用器，形制、大小相同[5]。田家窑战国齐墓也是此类情况，出土了大小相同、形制一样的 2 件铜鼎、4 件铜豆和 2 件铜壶。从用鼎制度可以看出，春秋晚期到战国时期，在齐文化与东夷文化的融合过程中，东夷文化的强大基因没有被齐文化所同化，反而对齐文化产生重大影响。

5.1.5 结语

青岛市黄岛区博物馆馆藏周代青铜器在种类和数量上虽然不多，但文化归属上体现了莒文化、齐文化以及中原文化圈之间的交流和相互影响。东夷古国文化传统有别于中原地区，故而青铜器的组合形式、形制及纹饰等方面在吸收中原文明的同时，也保存了较强的地域特征。这在一定程度上能够说明，东夷人对周礼制度是有选择地接受，并形成了独具特色的地域性青铜文化，充分体现了周代齐鲁文化形成时期山东地区文化构成的复杂性和多样性。

（本节由郭长波、郝智国撰写）

5.2 商周青铜兵器研究

黄岛区是齐国"东境上邑"，齐长城入海之地。近年来，青岛市黄岛区博物馆征集商周青铜兵器 42 件，包括剑 25 件，戈 6 件，镞 11 件。时代早至商晚期，以东周为主。这些青铜兵器对研究商周时期琅邪邑的区域文化交流和军事防御有重要意义。

5.2.1 商周青铜兵器介绍

1. 青铜剑 25 件，根据剑茎和剑格形制分为 A、B、C 三型。

A 型　身狭长，中脊突起，圆茎上下等粗，实心，中间有两条平行的粗箍，有宽格。根据有无剑首分为 A I 式和 A II 式。A I 式有剑首，两件通长 44 厘米（W0587、W0620），剑身前部微收狭，分别征集于宝山镇雷家庄（图 5-10，1）和铁山街道别家村（图 5-10，2）；一件（W0623）剑首微凹，通长 49 厘米，征集于藏南镇草桥村（图 5-11，1）。A II 式无剑首，一件（W0619）通长

[1] 杨子范：《山东临淄出土的铜器》，《考古通讯》1958 年第 6 期。
[2] 山东省博物馆、长清县文化馆：《山东长清岗辛战国墓》，《考古》1980 第 4 期。
[3] 山东省文物考古研究所：《山东梁山县东平湖土山战国墓》，《考古》1999 年第 5 期。
[4] 淄博市临淄区文物局：《山东淄博市临淄区国家村战国墓》，《考古》2007 年第 8 期。
[5] 淄博市临淄区文化局：《山东淄博市临淄区赵家徐姚战国墓》，《考古》2005 年第 1 期。

1（W0587）　　　　　　1（W0623）　　　　　　1（W0622）

2（W0620）　　　　　　2（W0619）　　　　　　2（W0624）　　　图 5-13　B 型青铜剑

图 5-10　A 型青铜剑　　图 5-11　A 型青铜剑　　图 5-12　A 型青铜剑　　（W0588）

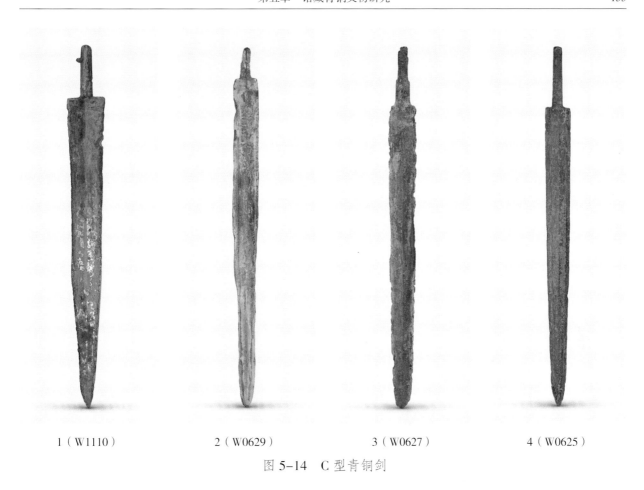

1（W1110）　　　　2（W0629）　　　　3（W0627）　　　　4（W0625）

图 5-14　C 型青铜剑

43 厘米，征集于大场镇魏家湾（图 5-11，2）；一件（W0622）剑刃与剑从缘线明显，通长 50 厘米，征集于琅琊镇台西头村（图 5-12，1）；一件（W0624）剑从中部近锋端微收狭，通长 46.5 厘米，征集于隐珠街道店头村（图 5-12，2）。

　　B 型　身狭长，脊线突出，有格较窄，剑茎圆形，上细下粗，中空透底，有圆首。一件（W0588）通长 37.2 厘米，征集于大村镇陈家庄（图 5-13）。

　　C 型　无铜质格、首。一件（W1110）剑身中脊突起，断面作菱形，剑从中部外突，柱状茎，后端一侧有凸起与茎呈直角，通长 30 厘米，征集于六汪镇塔桥村（图 5-14，1）；一件（W0629）剑身扁平，中脊突起，剑从有血槽，柱状茎，通长 30.6 厘米，征集于琅琊镇台西头村（图 5-14，2）；一件（W0627）剑身扁平，中脊突起，剑身近茎处呈弧形内收，后端斜折连茎，茎呈扁平，剑锋略残，通长 42 厘米，征集于隐珠街道岗上村（图 5-14，3）；一件（W0625）剑身狭长，脊线突起，中脊微凹，与两侧的缘线形成浅血槽，脊线与缘线交汇与剑锋，柱状茎，剑身后端与茎成直角，通长 47.5 厘米，征集于滨海街道山张村（图 5-14，4）。

　　2. 馆藏青铜戈 6 件，均为直内有胡戈，根据形制分为 A、B、C 三型。

　　A 型　三角形锋，长援，中脊突出，长胡，阑侧三穿，内呈长方形，上有一穿。一件（W0568）穿呈长方形，通长 23、援长 15.5、内长 7.5 厘米，征集于琅琊镇台西头村（图 5-15，1）；一件（W0635）阑侧穿呈长方形，内穿呈圆形，通长 23.7、援长 16.1、内长 7.6 厘米，征集于滨海

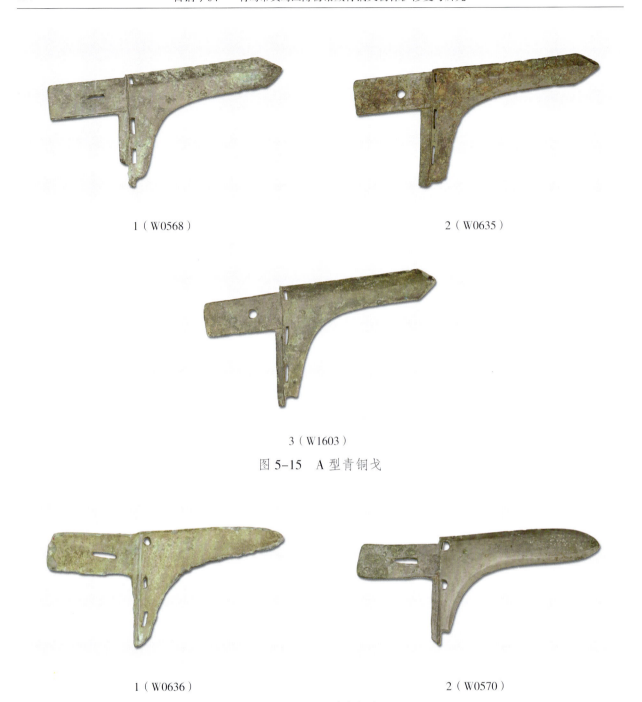

1（W0568）　　　　　　　　　　　　　　2（W0635）

3（W1603）

图 5-15　A 型青铜戈

1（W0636）　　　　　　　　　　　　　　2（W0570）

图 5-16　B 型青铜戈

街道顾家崖头村（图 5-15，2）；一件（W1603）阑侧穿呈长方形，内穿呈圆形，通长 23.4、援长 15.5、内长 7.9 厘米，征集铁山街道徐家大村（图 5-15，3）。

B 型　弧线形尖锋，无折角，援微上扬，中胡，内基本平直，有一穿，下缘与阑约成直角。一件（W0636）无上阑，阑侧三穿，胡下部呈弧形与阑相连，通长 16.8、援长 10.4、内长 6.4 厘米，征集于大村镇于家庄（图 5-16-1）；一件（W0570）阑侧两穿，胡下部方折与阑相连，通长 18.7、援长 12.5、内长 6.2 厘米，滨海街道石屋子沟修水库时出土（图 5-16，2）。

图 5-17　C 型青铜戈（W0569）

1（W0582）　　　　　　　　2（W0583）　　　　　　　　3（W0584）

图 5-18　A 型青铜镞

　　C 型　弧线锋作柳叶尖状，狭长援弧曲上扬，中部起脊，窄长胡，阑侧三穿；长内略上翘，内上一穿，后缘上斜，两面开刃。一件（W0569）通长 27.7、援长 17.5、内长 10.2 厘米，征集于大场镇西寺村（图 5-17）。

　　3. 馆藏青铜镞 11 件，根据镞翼的数量分为 A、B、C 三型。

　　A 型　双翼镞，中脊突出，根据翼的形态分为 A I 式、A II 式。A I 式（W0582）镞身较短，呈三角形，高脊隆起，双翼外敞有刃，后锋形成倒刺，脊末端接圆锥形铤，长为 5.5 厘米（图 5-18，1）。A II 式两翼呈弧线形，双翼下垂，尖圆锋，隆脊，断面菱形，圆柱形铤。一件（W0583）双翼近脊，残长 6.4 厘米（图 5-18，2）；一件（W0584）翼尾倒刺，与中脊形成空隙，残长 4.3 厘米（图 5-18，3）。3 件镞均征集于琅琊镇东皂户村。

　　B 型　三翼镞，镞身细长，尖峰，三翼极窄，无后锋，圆柱形铤。一件（W0662）残长 5.5 厘米，征集于大场镇西寺村（图 5-19）。

　　C 型　三棱镞，截面呈三角形，无外伸之翼，圆柱形铤，细于镞身。一件（W1499）通长 6 厘米，征集于隐珠街道郭家河岩村（图 5-20）。

图 5-19　B 型青铜镞（W0662）　　　　　　　　　图 5-20　C 型青铜镞（W1499）

5.2.2　馆藏青铜兵器的年代

青岛市黄岛区博物馆馆藏青铜剑、戈、镞均为商周时期器物。A Ⅰ 式剑与新泰周家庄东周墓地 M61、洛阳中州路 M2729、长治分水岭 M53 出土的青铜剑相似，A Ⅱ 式剑与山西长子县东周墓地 M2、长治分水岭 M21、新泰周家庄东周墓地 M3 出土的青铜剑相似。B 型剑见于新泰周家庄东周墓地的 M71 和洛阳中州路 M2717。C 型剑见于洛阳中州路 M2719、长岛王沟东周墓 M10、新泰周家庄东周墓地 M1 等。新泰周家庄东周墓地 M3 为春秋早期，M61 为春秋晚期，M71 为战国中期，M1 为战国早期[1]；山西长子县东周墓地 M2 为春秋晚期；长治分水岭 M53 为战国中期，M21 为战国晚期；洛阳中州路 M2729 为春秋晚期，M2717 和 M2719 为战国早期[2]；长岛王沟东周墓 M10 为战国早期[3]。因此，A 型剑的延续时间比较长，时代跨度从春秋晚期到战国中期，B 型和 C 型剑时代为战国早中期。

直内戈是东周青铜兵器的大宗。馆藏直内戈中 A 型见于薛国故城 M1，B 型见于济南千佛山战国墓（JCZ72：024）、章丘绣惠女郎山一号战国大墓，C 型见于临淄淄河店 M2。薛国故城 M1 时代为春秋中期[4]，济南千佛山战国墓（JCZ72：024）[5]、章丘绣惠女郎山一号战国大墓[6]时代为战国中晚期，临淄淄河店 M2 时代为战国早期[7]。因此，馆藏青铜戈的时代是从春秋中晚期到战国。

［1］山东省文物考古研究所、新泰市博物馆编著：《新泰周家庄东周墓地（上）》，文物出版社，2014 年，第 576~586 页。
［2］山西省考古研究所：《山西长子县东周墓》，《考古学报》1984 年第 4 期；山西省文物管理委员会、山西省考古研究所：《山西长治分水岭战国墓第二次发掘》，《考古》1964 年第 3 期；中国科学院考古研究所编著：《洛阳中州路西工段》，科学出版社，1959 年，第 150 页。
［3］烟台市文物管理委员会：《山东长岛王沟东周墓群》，《考古学报》1993 年第 1 期。
［4］山东省济宁市文物管理局：《薛国故城勘查和墓葬发掘报告》，《考古学报》1991 年第 4 期。
［5］李晓峰、伊沛扬：《济南千佛山战国墓》，《考古》1991 年第 9 期。
［6］济青公路文物工作队绣惠分队：《章丘绣惠女郎山一号战国大墓发掘报告》，《济青高级公路考古发掘报告集》，齐鲁书社，1993 年，第 120、121 页。
［7］山东省文物考古研究所：《山东淄博市临淄区淄河店二号战国墓》，《考古》2000 年第 10 期。

青铜镞中，AⅠ式镞与安阳殷墟妇好墓出土的Ⅱ式铜镞[1]、1957年济南长清兴复河征集的Ⅳ式铜镞[2]形制相近，时代为商代晚期。AⅡ式镞见于春秋中期的洛阳中州路 M4、薛国故城M1[3]和春秋晚期的新泰周家庄东周墓地 M49[4]，时代为春秋中晚期。B 型镞与战国早期潞城潞河韩国墓葬 M7、长岛王沟东周墓 M10 出土的铜镞相似[5]，时代为战国早期。三棱镞考古发现较少，战国早期才开始流行[6]，故 C 型镞时代为战国时期。

5.2.3　馆藏青铜兵器的文化归属

商代，鲁东南沿海地区一直是东夷人势力范围，商文化很少影响到这里。2016 年，山东省文物保护修复中心在对青岛市黄岛区博物馆馆藏青铜器修复时，发现 AⅠ式青铜镞与殷墟妇好墓出土铜镞相近，推测琅琊镇东皂户遗址存在商文化遗存。商周时期，东夷土著势力非常强大，尤其是莒国，作为东夷诸国中面积较大、实力较强的国家之一，商代抗殷，周拒齐、鲁，与中原王朝的关系并非十分融洽，多次遭到征伐。东皂户地区在商代和西周时期属于莒国范围，该遗址发现的青铜镞或与商征莒国的战争有关。

春秋晚期，诸侯争霸，战争频繁，山东地区出土的剑、戈等青铜兵器所呈现的文化因素明显增多。A、B 型青铜剑在山东地区出土较多，但没有找到祖型。1963 年，湖南衡南一座墓葬中出土两件青铜剑，均为有首、有格、双箍、实圆茎，一件剑身尚有井字形花纹，形制与 A 型青铜剑相同[7]，时代不晚于春秋中期。1965 年，安徽屯溪发掘的 M3、M7 中出土 2 件青铜剑，亦为有首、有格、有箍、圆实茎。与 A 型青铜剑不同的是屯溪出土的剑身较短，其中一件有一箍，时代为西周中期[8]。按照时代先后将屯溪铜剑、衡南铜剑和馆藏 A 型铜剑排列起来，可以看出它们之间存在着一脉相承的发展演变关系，剑身由短变长，茎箍由少变多。1965 年，浙江长兴出土一柄铜剑，全长 21.6 厘米，剑身扁平无脊棱，有格，有首，一箍，圆茎半空，时代不晚于西周中期。该剑形制似馆藏 A 型，但圆茎半空又与 B 型相似[9]。屯溪和衡南墓葬是典型的吴越文化遗存，考古发现 B 型剑多出于吴越地区。因此，A、B 型剑应当是在吴越剑影响下形成的[10]。C 型青铜剑出于齐长城南北两侧，柱脊、无格、无箍的特点与我国北方和东北地区流行的一种青铜短剑有些相似，时代为战国早中期，可能与齐燕战争有关。馆藏青铜戈器型单一，素面无纹，援由平直到弓曲，锋由三角变为弧线形，内尾由方角到鳍状，与山东地区春秋中晚期到战国时期青铜戈的演变规律相一致[11]，本地特征较为明显。

［1］中国社会科学院考古研究所编著：《殷墟妇好墓》，文物出版社，1980 年，第 109 页。

［2］山东省博物馆：《山东长清出土的青铜器》，《文物》1964 年第 4 期。

［3］中国科学院考古研究所编著：《洛阳中州路西工段》，科学出版社，1959 年，第 102 页；山东省济宁市文物管理局：《薛国故城勘查和墓葬发掘报告》，《考古学报》1991 年第 4 期。

［4］山东省文物考古研究所、新泰市博物馆编著：《新泰周家庄东周墓地（上）》，文物出版社，2014 年，第 583 页。

［5］山西省考古研究所、山西省晋东南地区文化局：《山西省潞城县潞河战国墓》，《文物》1986 年第 6 期。

［6］朱凤瀚著：《中国青铜器综论》，上海古籍出版社，2009 年，第 436 页。

［7］湖南省博物馆：《湖南衡南、湘潭发现春秋墓葬》，《考古》1975 年第 5 期。

［8］胡文：《安徽屯溪奕棋又出土大批西周珍贵文物》，《文物》1965 年第 6 期。

［9］夏星南：《浙江长兴出土五件商周铜器》，《文物》1979 年第 11 期。

［10］李伯谦：《中原地区东周铜剑渊源试探》，《文物》1982 年第 1 期。

［11］井中伟：《先秦时期青铜戈·戟研究》，吉林大学 2006 年博士研究生学位论文，第 182 页。

春秋中晚期，齐国疆域向东扩展到达大沽河以西区域，莒国势力范围不断向南萎缩，退到了莒县、沂南、临沂一带。齐悼公四年（前485年），"徐承帅舟师，将自海入齐，齐人败之，吴师乃还"[1]，这说明齐景公后期，琅邪区域已纳入齐国版图。因此，馆藏吴越文化特征的青铜剑是春秋晚期齐、吴两国之间文化交融影响的结果。

5.2.4　结语

齐国的军事防御体系继承了周代"守在四境"的思想，重点防御泰沂山系与河流、海域交界处以及山川谷地。琅邪地处齐国东南边境，春秋晚期设有左关，战国时期修筑完成的齐长城在这里入海，地缘位置与莒国以及南方的吴越相近，区域间交流频繁，导致青铜器特征形成"你中有我、我中有你"的特征。近年来，黄岛区内发现大量春秋中晚期到战国时期兵器，与这一时间齐国势力范围南扩到达黄岛相符。

（本节由郭长波、李祖敏撰写）

5.3　齐刀币研究

琅邪邑是齐国"东境上邑"，军事港口和田和封地。春秋晚期到战国时期，齐国在这里设左关，铸子和子釜、陈纯釜和左关鈉以为标准量器，完成齐长城修筑并从小珠山入海，推动了这一区域经济社会的发展。齐刀币是齐国通行货币，20世纪80年代以来，黄岛区内发现了多处齐刀币窖藏遗存，除少数被送到区博物馆收藏外，大多散佚。

5.3.1　齐刀币遗存概况

馆藏齐刀币主要通过窖藏出土和征集所得。1979年冬，在对琅琊公社（今琅琊镇）西桥子村和窝龙村（今卧龙村）之间的一道土丘陵——"桥窝岭"进行平整土地时，发现一批齐刀币。据时任琅琊镇文化站站长刘圣文的回忆，出土地点"不是一个古文化层，像是一个单独的墓穴"[2]，根据描述，实际应为一处钱币窖藏。接到报告后，刘圣文将这批刀币带回文化站，后移交给县文化局，现藏于青岛市黄岛区博物馆。这批齐刀币约120枚，比较完整的为68枚，其他或缺刀首，或缺刀环，有少数残缺比较严重的仅余刀身，或仅余刀柄，难以拼合。经工作人员清理修复后发现，68枚完整的齐刀币均为"齐法化"三字刀。（表5-1、5-2）

青岛市黄岛区博物馆还藏有20世纪八九十年代于本地征集的"齐之法化""安阳之法化"和"即墨之法化"三种刀币。除馆藏外，根据调查，20世纪70年代今铁山街道齐长城以北的郑家庙地区整理河道时，在搬运过来的填土中曾经发现约20枚齐刀币，但已散佚。博物馆馆员于元林在沐官岛上访谈时得知岛上发现过疑为刀币的古钱币，但未见实物。

[1] 杨伯峻编著：《春秋左传注》，中华书局，1990年，第1656页。

[2] 刘圣文：《六十八枚齐国刀币是怎样发现的》，胶南市政协文史资料委员会《胶南市文史资料（第六辑）》，内部刊物，2003年，第78页。

5.3.2　齐刀币介绍

1. 齐法化 68 枚（W0899），琅琊镇钱币窖藏出土。背呈外凸弧形，有的尖角外侈，刀郭内凹，边郭隆起，刀身和刀柄连接处一线贯穿，面、背柄间二道纵凸纹，背面上部有三道水平横凸纹（或释为"乾"），中部多有类似"◇"状币纹，背纹有刀、土、⊙、上、昌、○、⊣、吉、Ψ、化、工、大（法）、Ж 等。完整者通长 17.8 ～ 18.8、宽 2.8 ～ 3.1 厘米，重 41.3 ～ 51.4 克。（图 5-21）

2. 齐之法化（W0898），1 枚，区内征集。刀背厚实，面边郭隆起断于刀身及柄衔接处，面背柄间二直纹，背刃部上方有三道横线，圆形刀环，通长 18.5、宽 2.8 厘米，重 43.3 克。（图 5-22）

3. 即墨之法化，5 枚，其中完整者 1 枚（W0855），区内征集。凹刃弧背，刀身较宽，刀柄宽而略短，刀身边缘隆起，弧部边缘在刀柄相接处中断，分界明显，刀身略瘦。背面上端有三道横凸纹，刀柄面、背均有二道纵凸纹。背三横凸纹与铭文之间或有"◇"币纹，背文可辨别者有

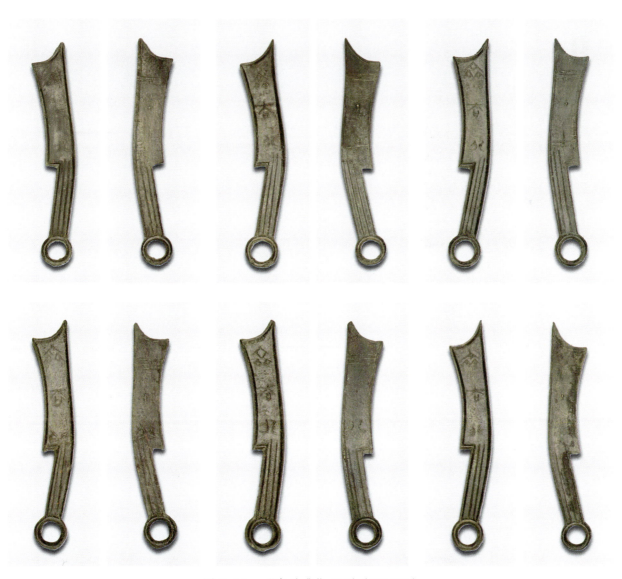

图 5-21　"齐法化"刀币（W0899）

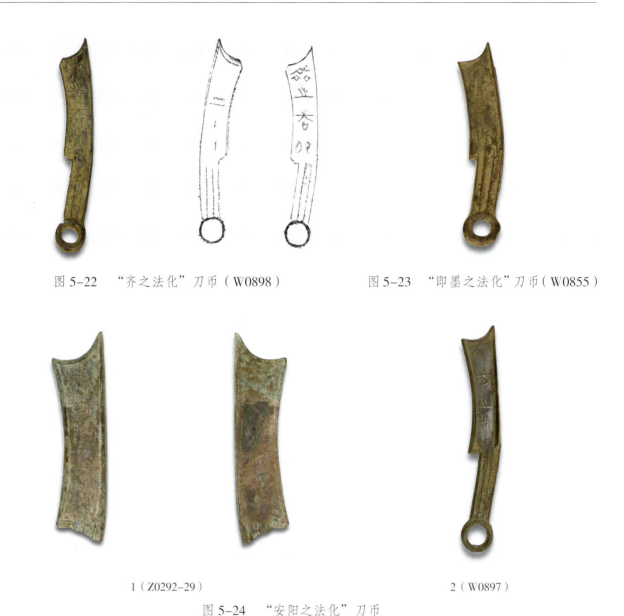

图 5-22　　"齐之法化"刀币（W0898）　　　　　　图 5-23　　"即墨之法化"刀币（W0855）

1（Z0292-29）　　　　　　　　　　　　　　　　　2（W0897）

图 5-24　　"安阳之法化"刀币

"上、Ψ"字样。通长 18.5、宽 2.8 厘米，重 59.4 克。（图 5-23）

4. 安阳之法化 6 枚，区内征集。凹刃弧背，刀形峻瘦，刀身边缘隆起，弧部边缘断止在刀身与柄之间，背面上端有三道横凸纹。琅琊镇钱币窖藏出土的仅存刀身（Z0292-29），背面横凸纹下有"↑"状币纹，残长 11.4、宽 3 厘米，残重 27.33 克（图 5-24，1）。完整者（W0897）刀柄面、背有二道纵凸纹，背三横凸纹与铭文之间有"◇"状币纹，背文有"化、卜、⊙"等字样，通长 18、宽 3 厘米，重 46.3 克（图 5-24，2）。

5. 五字刀残币，1 枚（Z0292-4），区内征集。缺刀首和部分刀身，正面存"之法化"三字，其中"之"字仅余最末端一横的右半段，"之"字与"法"字的笔划中，横较宽，背面为"⊙"纹。与《齐币图释》一书所载图录进行对比，根据"之"字位置，可断定为五字刀，尚难以确定为即墨之法化还是安阳之法化。残长 12.2、宽 2.8 厘米，残重 38.19 克。（图 5-25）

图 5-25　　"□□之法化"残刀币（Z0292-4）

5.3.3　馆藏齐刀币年代

目前，学界一般认为带"之"字的四字刀、五字刀在先，三字刀在后，周卫荣、陈荣、孙成甫的《齐国铸币的合金成分的检测与考察》一文根据检测结果，得出的结论也验证了这种观点，文章中还指出"齐法化与赙化钱成分相当。从这一点，可以进一步确信，齐法化与赙化钱都是齐国后期的铸币"[1]。赙化钱的铸行时间学界尚未统一，或认为在战国晚期的齐襄王时期，或认为不会晚于齐湣王逃至莒之前，或以为始铸于较早的齐宣王时期[2]。陈旭在《从临淄出土齐刀范看齐刀币的分期及相关问题研究》一文中，根据一批淄博本地出土的齐国钱币，肯定了赙化钱的初始铸造时间当为《齐币图释》认为的"不会晚于齐湣王时期"[3]的结论。陈旭还认为细字形三字刀为乐毅伐齐前所铸行，粗字形三字刀为齐襄王返国后铸造。琅琊镇出土的这批齐刀币，三字刀能够辨析字迹者均为细字形齐法化，未见有反"化"刀，推测埋藏年代在齐襄王复国之前。公元前 284 年乐毅伐齐，下齐七十余城，唯莒与即墨不下，今黄岛区当时或已为燕军势力范围，这批刀币很有可能是此期间因动乱而埋藏的。

5.3.4　齐刀币与琅邪邑

琅邪邑原为莒国城邑，齐景公时期为齐国所有。齐平公五年（前 476 年），齐大夫田常割安平至琅邪为食邑封地。《史记·田敬仲完世家》载："平公即位，田常为相。……行之五年，齐国之政皆归田常。田常于是尽诛鲍、晏、监止及公族之强者，而割齐自安平以东至琅邪，自为封邑。封邑大于平公之所食。"[4]《水经注·潍水》"琅邪，山名也。秦始皇二十六年，灭齐以为郡，

---

[1]周卫荣、陈荣、孙成甫：《齐国铸币的合金成分的检测与考察》，《中国钱币》1992 年第 2 期。

[2]李鸿祥：《方孔圆钱的起源与赙化铸行时间的关系——战国陶文和赙化钱文比较研究》，《齐鲁钱币》2011 年第 2 期。

[3]陈旭：《从临淄出土齐刀范看齐刀币的分期及相关问题研究》，《中国钱币》2013 年第 1 期。

[4]〔西汉〕司马迁撰，〔南朝宋〕裴骃集解，〔唐〕司马贞索隐，〔唐〕张守节正义：《史记·田敬仲完世家》，中华书局，2013 年，第 2285 页。

表 5-1　青铜刀币（W0899-1~W0899-68）保护修复后统计情况表

分类	背字	编号	长（厘米）	宽（厘米）	重量（克）	保存状况
三字刀（共68枚）	无（2枚）	W0899-1	17.9	2.8	45.51	完整
		W0899-2	18.4	3	51.4	完整
	刀（12枚）	W0899-3	18.4	3	48.94	完整
		W0899-8	18.8	2.9	45.64	完整
		W0899-5	18.8	3.1	48.97	完整
		W0899-18	18.2	2.9	48.94	完整
		W0899-21	18.2	3	41.68	完整
		W0899-24	18.5	3.1	46.95	完整
		W0899-27	18.1	2.9	42.54	完整，刀柄处纹路较深
		W0899-33	18.3	2.9	41.58	完整，面字"法"未出头
		W0899-35	18	3	50.1	完整
		W0899-58	18.5	3	42.73	完整
		W0899-63	18.5	2.9	47.06	完整
		W0899-68	不详	不详	不详	刀首、刀身残
	土（6枚）	W0899-4	18.3	3	37.55	完整
		W0899-17	18.7（修复前）	3	49.99（修复前）	断裂，需补（原只有刀身，于W0899-33处寻得刀环）
		W0899-28	18	2.9	38.86	完整
		W0899-23	18.5	3	45.79	完整
		W0899-30	18.7	3.1	49.25	完整
		W0899-45	18.4	3	43.58	完整
	日（☉）（4枚）	W0899-6	18.8	3.1	49.28	完整
		W0899-9	不详	不详	不详	刀首、刀身残
		W0899-40	不详	不详	不详	残
		W0899-49	18.7	3.1	45.07	完整
	上（9枚）	W0899-7	18.1	3	35.02	完整
		W0899-14	18.5	3	47.93	完整
		W0899-15	18.5	3	36.9	完整
		W0899-31	18.5	3	45.67	完整
		W0899-39	18.4	3	38.71	完整
		W0899-41	18.5	2.9	44.35	完整

续表1

分类	背字	编号	长（厘米）	宽（厘米）	重量（克）	保存状况
三字刀（共68枚）	上（9枚）	W0899-51	18.4	3	残重40.32	刀身残
		W0899-59	18	3.1	45.32	完整
		W0899-67	17.9	2.8	38.98	完整
	昌（2枚）	W0899-10	18.4	3	45.46	完整，字较粗
		W0899-13	18.5	3	39.24	完整，粗字，刀环移范
	〇（3枚）	W0899-11	18	2.9	39.21	完整
		W0899-50	18.8	3.1	45.85	完整
		W0899-64	18.3	3	45.22	完整
	卜（㇆）（2枚）	W0899-12	18.1	2.9	38.83	完整
		W0899-42	18.1	3	45.24	完整
	水口（1枚）	W0899-16	不详	不详	不详	刀身残、小、窄，刀环移范
	吉（3枚）	W0899-19	18.1	2.8	45.7	完整
		W0899-29	18.5	2.9	42.56	完整
		W0899-48	18.7	2.9	46.12	完整
	一草（一Ψ）（1枚）	W0899-20	18.5	3.1	45.69	完整，面字"法"未出头
	类似"九"（1枚）	W0899-22	18.5	3	39.38	完整
	化（6枚）	W0899-25	18.1	3	37.89	完整
		W0899-26	18.3	2.9	41.93	完整
		W0899-36	18.4	2.9	45.17	完整
		W0899-38	17.8	2.9	45.7	完整，字深，边缘深，刀环移范
		W0899-46	18.3	3	41.53	完整
		W0899-66	18.3	3.1	40.16	完整
	草（Ψ）（10枚）	W0899-32	18.6	3	45.73	完整，刀柄处纹路较深
		W0899-34	18.5	2.9	47.55	完整
		W0899-37	18.4	3	45.59	完整
		W0899-43	18.2	2.9	45.03	完整
		W0899-44	18.6	2.8	43.59	完整
		W0899-47	不详	不详	不详	残
		W0899-53	18.3	2.9	45.12	完整
		W0899-56	18.8	3	42.25	完整

续表 1

分类	背字		编号	长（厘米）	宽（厘米）	重量（克）	保存状况
三字刀 （共68枚）	草（Ψ）（10枚）		W0899-61	18.2	2.9	49.14	完整
			W0899-62	18.2	2.9	43.04	完整
	工（4枚）		W0899-52	18.1	3.1	48.88	完整
			W0899-54	18	2.9	48.82	完整
			W0899-57	18.2	2.9	41.35	完整
			W0899-65	18.6	2.9	46.04	完整
	法（1枚）		W0899-55	18.2	2.8	43.26	完整
	不清楚（1枚）		W0899-60	18.7	2.9	45.84	完整

表 5-2　青铜刀币（Z0291-1~Z0292-43）保护修复后统计情况表

分类	边缘高低	背字	编号	长（厘米）	宽（厘米）	重量（克）	保存状况
五字刀 （2枚）	低缘 （2枚）	日（⊙）	Z0292-4	残长 12.2	刀环宽 2.8	残重 38.19	缺刀首、部分刀身
		丨	Z0292-29	残长 11.4	3	残重 27.33	"安阳之法化"，缺刀柄、刀环
三字刀 （43枚）	低缘 （34枚）	日（⊙）	Z0292-21	残长 11.6	3	残重 26.90	缺刀柄、刀环
		日（⊙）	Z0292-38	残长 10.06	3.1	残重 24.53	缺刀柄、刀环
		日（⊙）	Z0291-2	残长 14.5	3	残重 28.87	缺部分刀柄、刀环
		土	Z0292-3	残长 13	刀环宽 2.8	残重 33.52	缺刀首、部分刀身
		土	Z0292-10	残长 14.1	3.1	残重 34.13	缺部分刀首、刀环
		土	Z0292-11	残长 12	2.9	残重 24.31	缺部分刀柄、刀环
		土	Z0292-20	残长 10	刀身最宽处残宽 2.8	残重 25.19	缺刀首、部分刀柄、部分刀身、刀环
		土	Z0292-25	残长 11.4	3	残重 28.57	缺刀柄、刀环
		土	Z0292-30	残长 15.1	2.9	残重 39.19	缺刀环
		卜	Z0292-6	残长 10.5	2.9	残重 24.14	缺刀柄、刀环
		卜	Z0292-34	残长 16	3.1	残重 37.63	缺刀环
		上	Z0292-7	残长 13.2	2.9	残重 29.3	缺部分刀柄、刀环
		上	Z0292-14	残长 12.1	3	残重 26.70	缺部分刀柄、刀环
		上	Z0292-15	残长 14.4	2.9	残重 33.20	缺部分刀柄、刀环
		上	Z0292-28	残长 11	2.9	残重 29.34	缺刀柄、刀环
		上	Z0291-1	残长 15.8	2.8	残重 28.34	缺刀环

续表 2

分类	边缘高低	背字	编号	长（厘米）	宽（厘米）	重量（克）	保存状况
三字刀（43枚）	低缘（34枚）	七（十）	Z0292-8	残长11.9	刀身最宽处残宽2.8	残重22.36	缺刀首、部分刀柄、刀环
		刀	Z0292-9	残长12.5	3	残重24.48	缺部分刀柄、刀环
		刀	Z0292-17	残长10.6	3	残重28.13	缺刀柄、刀环
		刀	Z0292-32	残长11.8	刀身最宽处残宽2.6	残重24.11	缺刀首、部分刀身
		乚	Z0292-13	残长11.1	3.1	残重26.23	缺刀柄、刀环
		○	Z0292-18	残长10.6	3	残重21.71	缺刀柄、刀环
		○	Z0292-23	残长10.1	3	残重20.20	缺刀柄、刀环
		草（Ψ）	Z0292-19	残长11.1	刀身最宽处残宽2.6	残重27.23	缺刀首、部分刀身
		草（Ψ）	Z0292-35	残长13.5	刀环宽2.7	残重35.74	缺刀首、部分刀身
		草（Ψ）	Z0292-36	残长13.7	2.9	残重33.52	缺刀环、部分刀柄
		草（Ψ）	Z0292-42	残长13.1	3	残重31.71	缺刀环、部分刀柄
		士	Z0292-22	18.7	2.9	41.75	完整
		七	Z0292-26	残长14.6	2.9	残重32.09	缺部分刀柄、刀环
		不清楚	Z0292-27	残长11	刀环宽2.6	残重25.94	缺刀首、部分刀身
		无	Z0292-31	残长8.1	刀身最宽处残宽2.8	残重16.23	缺部分刀身、刀柄、刀环
		无	Z0292-37	残长10.01	2.9	残重18.33	缺刀环、刀柄、部分刀身
		廿	Z0292-33	残长13.6	2.9	残重30.74	缺刀环、部分刀柄
		吉	Z0292-41	残长12.8	2.9	残重30.34	缺刀环、部分刀柄
	高缘（8枚）	日（⊙）	Z0292-1	残长15.3	3	残重38.23	缺刀环
		日（⊙）	Z0292-5	残长11.6	3	残重30.90	缺部分刀柄、刀环
		日（⊙）	Z0292-40	残长15.4	3	残重35.96	缺刀环
		○×	Z0292-2	残长13.2	刀环宽2.7	残重33.54	缺刀首、部分刀身
		刀	Z0292-12	残长12.6	刀身最宽处残宽2.6	残重29.01	缺刀首、部分刀柄、部分刀身、刀环
		昌	Z0292-16	残长10.9	刀身最宽处残宽2.7	残重22.26	缺刀首、部分刀柄、部分刀身、刀环
		草（Ψ）	Z0292-24	残长13.8	3	残重34.76	缺部分刀柄、刀环
		草（Ψ）	Z0292-39	残长13.4	2.9	残重26.84	缺刀环、部分刀柄
		不清楚	Z0292-43	不详	不详	145.98	七片无法拼接的残损刀币

1　　　　　　　　　　　　　　　　　　　2

图 5-26　琅琊镇出土的战国齐瓦当（现藏青岛市黄岛区博物馆）

城即秦皇之所筑。遂登琅琊大乐之山，做层台于其上，谓之琅邪台。台在城东南十里"[1]，"城"即秦汉时期琅邪县。《括地志·密州》载："东武县，今密州诸城县也。密州诸城县东南百七十里有琅邪台，台西北十里有琅邪故城。"[2]一般认为秦代琅邪郡址和汉代琅邪县是在琅琊台西北十里处，但对于春秋战国时期琅邪邑的位置，很少有论述者。

　　乾隆《诸城县志》疑"夏河城之墟"[3]或即秦汉古琅邪城所在之地。夏河城即今琅琊镇驻地夏河城，卧龙村位于其东。今夏河城所残存夯土城墙为明代夏河寨前千户所的城墙，并非战国或秦汉城址。目前虽尚不能证明夏河城即战国时期琅邪邑所在地，但青岛市黄岛区博物馆于夏河城曾征集到两件战国瓦当，或与卧龙村附近出土的这批齐刀币有关。一是树木双兽纹半瓦当，征集于琅琊镇夏河城村。此瓦当为夹砂灰陶，当面为半圆形，边缘有一周宽凸棱，中间饰一卷曲树纹，将瓦当二等分，两格分别饰一只鹿纹，一侧自鹿后半身处残缺一角。瓦筒部分饰粗纹和一周抹痕，瓦筒内侧留有间断的斜向拍印印痕，当面复原宽度约 16、高 7.7、厚 1.2～1.4 厘米（图 5-26，1）。一是树木纹单兽半瓦当，2006 年 11 月出土于夏河城城北村。两乳丁位于树干两侧，树底呈半圆圈状，树干上部对称伸出两对树枝，下部树枝枝头接一圈卷云纹。树左侧为兽纹，树右纹饰有残缺，似为一弧纹，当面复原宽度约 15.2、高 7.3 厘米（图 5-26，2）。此外，夏河城附近的东皂户遗址，采集有新石器时代的石铲、石斧、石凿等和周代的灰陶罐、箭镞、铜削等器物。

　　《汉书·地理志》《越绝书》和《吴越春秋》等史籍虽曾记载越王勾践迁都琅邪，但目前黄岛区域内尤其是琅琊台及其附近地区尚未发现任何越国文物遗存，夏河城出土的瓦当和卧龙村出土的刀币可证此地为齐国势力范围。秦并天下，往往于六国原有城池设立郡县治所。汉承秦制，则战国时期琅邪邑同秦朝及汉初的琅邪城大体应在一处，规模或有差别。根据琅邪故城在琅琊台西北十里的记载，琅邪城位置不出今黄岛区琅琊镇境内，琅琊镇区域在战国时期应为齐琅邪邑管辖范围。

（本节由于法霖、徐军平撰写）

［1］〔北魏〕郦道元著、陈桥驿校正：《水经注校正》，中华书局，2007 年，第 630 页。

［2］〔唐〕李泰等著，贺次君辑校：《括地志辑校》，中华书局，1980 年，第 137 页。

［3］〔清〕宫懋让修、李文藻纂：乾隆《诸城县志》卷八《古迹考》，乾隆二十九年（1764 年）刊本。

5.4　汉代铜器研究

黄岛区是秦汉时期琅邪郡驻地，汉初在境内设琅邪国、祝兹侯国等王侯封国，汉武帝曾两次东巡琅邪台，祭祀四时主祠。近年来，文物部门围绕琅邪郡开展了很多区域考古调查和发掘工作，清理汉代墓葬近300座，出土青铜器、原始青瓷器、漆木器、玉器、陶器、丝织品等各类文物2000余件。此次修复了2016年以前出土和征集的部分汉代青铜器，为汉代区域文化研究提供了新的资料。

5.4.1　汉代铜器介绍

馆藏汉代铜器种类丰富，有铜𬭚、铜𬭎、铜釜、铜鍭镂、铜熏炉、铜洗、铜镜、铜刷、牌饰、带钩等，多为考古出土，少量为征集所得[1]，现简要介绍。

1. 铜𬭚（W0598），1件。圆形盖，盖面凸起，中央有一半圆形纽。器身圆直筒形，子口，直壁深腹，腹部中央及下部各饰一周宽带纹。平底，底部有三个半圆形兽蹄足。上腹部有两个半环形耳，耳上各有一圆形衔环，出土时仅存一衔环，未见提梁（图5-27）。根据江西南昌西汉海昏侯刘贺墓出土的铜𬭚推测，该𬭚两衔环间应有提梁相接。20世纪80年代出土于海青镇甲旺墩汉墓。

2. 铜𬭎，2件。斜折窄沿，上腹近直，下腹弧形内收，平底，圈足较矮。腹中部饰一周宽带纹，宽带纹中间有一道弦纹，腹中央有两个铺首衔环纽。器底部有一道凸棱。一件（W0595）器高12、口径22、底径12厘米（图5-28）；一件（W0653）器高12、口径21.8、底径12厘米。20世纪80年代出土于海青镇甲旺墩汉墓。

3. 铜釜（W0586），1件。圆形盖，器盖弧形凸起，中央有一半圆形纽，纽中间有一小孔。

图5-27　铜𬭚（W0598）

图5-28　铜𬭎（W0595）

---

[1] 均为馆藏器物，除铜镜、铜洗外，资料均为首次公布。

图 5-29　铜釜（W0586）　　　　　　　　图 5-30　铜鍪镂（W0591）

壶身侈口、圆唇，束颈、溜肩、扁鼓腹。腹部中央饰一周弦纹和两个半圆形耳，耳上各有一圆形衔环，圜底，无足。高 14.5、口径 8.5、腹径 13.8 厘米。20 世纪 80 年代出土于海青镇甲旺墩汉墓。（图 5-29）

4. 铜鍪镂（W0591），1 件。盖作覆杯状，口外侈，近顶处壁先外折再内折、作凸棱状，平顶，顶部有三个半圆形纽，纽上有孔。器身敛口、颈粗短、溜肩、扁鼓腹，圜底，高兽蹄足。腹部内折一周以承盖，其下有两个半环形耳，耳上应有提梁，提梁缺失。出土时一足缺失。高 18.7、口径 10、腹径 17.8 厘米。20 世纪 80 年代出土于海青镇甲旺墩汉墓。（图 5-30）

5. 铜熏炉，2 件。20 世纪 80 年代出土于海青镇甲旺墩汉墓，分为 A、B 两型。

A 型，1 件（W0585）。由盖、身、柄、座和承盘五部分组成。盖与身以子母口相扣合，盖为直壁母口，顶部鼓起作博山状，其上有山峰纹和镂孔，顶部有半环形纽，纽上有一铜环。炉身口微敛、圆唇、鼓腹、圜底，腹中部饰一周宽带纹和一对铺首衔环。腹下为柱形柄，柄连底座，座上镂孔雕刻神兽纹，柄、座中空，与承盘相连。承盘平沿、方唇，斜腹内收，矮圈足。盖径 8.6、炉身口径 7.7、承盘口径 16.6、通高 11.7 厘米。（图 5-31）

B 型，1 件（W0651）。由盖、身、柄、座四部分组成。盖缺失，仅残存一小块镂孔铜片。炉身口微敛、圆唇、弧腹，腹中部饰一周宽带纹，上饰一周凸弦纹和两个圆形耳。柄为实心柱状，上部较宽，微内折向下为喇叭形圈足，圈足下部下折至足底。口径 8.9、足径 7.3、耳距 11.7、残高 10.4 厘米。（图 5-32）

6. 铜洗，2 件。敞口，宽平沿，上腹近直，下腹弧形内收，平底，腹部中央饰三周弦纹和铺首纽。一件（W1900）衔环缺失，内壁口沿下錾刻一周三角形齿状纹，齿状纹下是漫卷的云气纹，间有狐类神兽等动物纹饰，器内底錾刻满花云气纹等图案。外腹部及器底或有錾刻纹饰，因器物通体包裹丝织品和水泡形成的蓝锈，甚不清晰，通体鎏金。口径 16.4、底径 8.4、高 4.6、厚 0.15 ～ 0.2 厘米（图 5-33）。一件（W1899）铺首衔环完整，内壁器底及上腹部錾刻云气纹，下腹部錾刻一

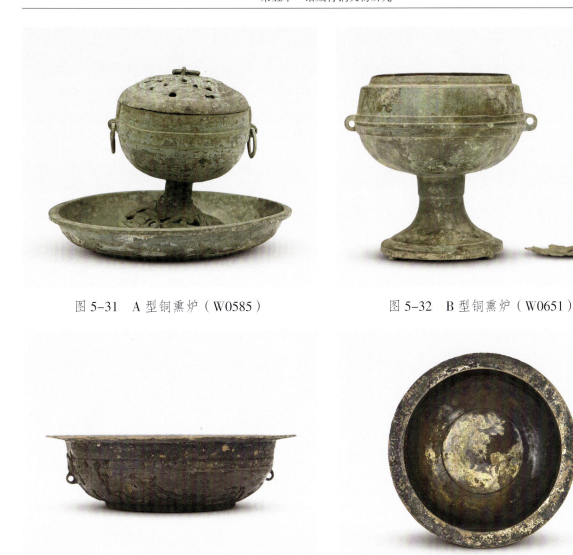

图 5-31　A 型铜熏炉（W0585）　　　　　　图 5-32　B 型铜熏炉（W0651）

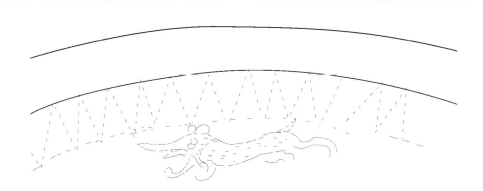

图 5-33　刘琳墓出土的铜洗（W1900）及器腹錾刻的神兽

周三角形齿状纹，纹饰错金；外壁上腹部錾刻连弧纹，下腹部錾刻一周三角形齿状纹，底部满花云气纹，但不清晰，内外壁云气纹间未见神兽。口径 18、底径 9.2、高 5.8、厚 0.1 ~ 0.2 厘米（图 5-34）。这两件器物于 2011 年分别出土于张家楼镇土山屯汉墓 M6 刘琳、吴眇容棺内。

图 5-34　吴眇容墓出土的铜洗（W1899）

图 5-35　连珠纹昭明镜（W1888）　　　　　　图 5-36　连弧纹昭明镜（W1892）

7. 铜镜。馆藏汉代铜镜数量较多，多为汉墓考古出土，少量为征集所得。本次对 32 面铜镜进行了保护修复，现将土山屯墓群出土的部分铜镜做简要介绍。

（1）连珠纹昭明镜（W1888），圆纽，并蒂连珠纽座。两周凸弦纹圈及栉齿纹将镜背分为内、外两区，两区内均有篆体铭文，内区铭文为"内清质以昭明，光辉象日月，心扬而愿然，雍塞而忽泄"，外区铭文为"洁清而事君，心驩峇明，佳玄锡之泽，超疏远日忘，怀美之穷祒，承驩之可说，慕窕之慕景，愿思毌"。直径 18、缘宽 1、厚 0.6 厘米。2011 年出土于张家楼镇土山屯墓群 M8，原置于漆七子奁盒母奁内。（图 5-35）

（2）连弧纹昭明镜（W1892），圆纽，圆纽座。座外一周内向八连弧纹带，连弧纹间有简单纹饰。其外两周栉齿纹间有铭文"内而清而以而昭而明光而象而夫而日而月而不泄"。直径 11.1、缘宽 1.15、厚 0.55 厘米。2011 年出土于张家楼镇土山屯墓群 M6 刘琳棺内。（图 5-36）

（3）四乳四虺镜（W1887），圆纽，并蒂连珠纹纽座。座外为一周栉齿纹及一周凸弦纹，其

图 5-37　四乳四虺镜（W1887）　　　　　　　图 5-38　四神博局镜（W1890）

图 5-39　镶玉铜牌饰（W1784、W1785）

外两周栉齿纹间为四乳四虺纹环绕，四乳有纽座，四虺呈钩形躯体，钩外侧伸出青龙、白虎头颈部，四虺内、外两侧饰较复杂的鸟纹等。直径 18.9、缘宽 1.6、厚 0.7 厘米。2011 年出土于张家楼镇土山屯墓群 M6 吴眇容棺内，置于七子奁盒母奁底部。（图 5-37）

（4）四神博局镜（W1890），圆纽，四叶纹纽座，座外双线方格，纽座外方格及四乳、博局纹将其分为四方八区，区间配以四神等纹饰，其外短斜纹一周，镜缘饰栉齿纹和云气纹各一周。直径 13.6、镜缘 1.6、厚 0.5 厘米。（图 5-38）2011 年出土于张家楼镇土山屯墓群 M11。[1]

8. 镶玉铜牌饰，2 件（W1784、W1785），形制、尺寸相同。平面呈长方形，外周为青铜边框，锈迹斑驳，上边框雕有相背的一对长勾喙带耳神兽，左右边框上部疑似马首，神兽前足扑在马首上，下边框为连弧类装饰纹。正面镶嵌玉牌，阴刻透雕回首的"S"形虎纹，前面两足迈进，后两足稳健地抵在玉牌边框上，尾巴向上卷曲至腹中部。背面中部有两个铜纽，应为带扣。牌饰通体鎏金，表面有丝织物包裹痕迹。长 10、宽 5.2、厚 0.5 厘米。2002 年在王台镇田家窑墓地出土。（图 5-39）

[1] 青岛市文物保护考古研究所、青岛市黄岛区博物馆编著：《琅琊墩式封土墓》，科学出版社，2018 年，第 94、26、39、120 页。

5.4.2 相关研究

1. 甲旺墩汉墓的时代

甲旺墩汉墓位于海青镇甲旺墩村，当地人称"八王墩"，封土多已被平整。第三次全国文物普查时仅残存两个封土。20 世纪七八十年代，当地百姓在平整土地和挖地瓜窖时发现了青铜器和陶器，在原海青公社党委的协助下征集入馆。

铜錍形制与樽相似，但器型瘦高。《说文解字》载"錍，温器也，圜而直上"，段玉裁注曰"温器者，谓可用暖物之器也"[1]。陕西咸阳马泉西汉晚期墓出土的铜錍内有液体凝固痕迹[2]，辽宁抚顺刘尔屯西汉墓出土的铜錍内残留禽骨[3]，而江西南昌西汉海昏侯刘贺墓出土的铜錍内有鸡骨和汤羹。铜錍体量小，有提梁便于移动，小口径、深筒利于保温，在汉代的功能与现在保温桶相类似[4]。鋗为水器，宝鸡市博物馆藏有一件"㮚蓁氏容三斗重十千八两"铜鋗，通高 12、口径 26.5、腹径 26 厘米，容积 6330 毫升；岐山县博物馆藏有一件"元康元年造黄山铜二斗鋗"，通高 12、口径 22.3、底径 13.3 厘米，容积约 4230 毫升[5]。甲旺墩汉墓出土的铜鋗体量与岐山县博物馆藏元康元年（前 65 年）铜鋗相近，应为二斗鋗。

甲旺墩汉墓发现的铜器虽然数量少，但种类相对丰富，包括铜錍、鍑镂、鋗、壶、熏炉等器。这些器物流行于西汉中晚期，且多组合出现，如江西南昌西汉海昏侯刘贺墓[6]、菏泽巨野红土山昌邑哀王刘髆墓[7]、安徽巢湖放王岗一号墓[8]以及山东济南市魏家庄 M49、M84、M97、M168[9]等均有同类器物出土。刘髆、刘贺墓是王侯级别。巢湖放王岗一号墓随葬玉印"吕柯之印"，出土铜鼎、甗、钫、壶、鋗、盆、洗、盉、錍及青铜剑和大量箭镞等器物 3237 件，有学者认为是扬州刺史史柯之墓[10]。魏家庄墓葬规格均较小，考古发掘报告认为是汉代历城县内低级官吏的墓葬。甲旺墩汉墓虽未经过发掘，但从出土器物分析墓主人等级应远低于巢湖放王岗一号墓，与济南市魏家庄汉墓相似，应为县级官吏墓葬。

2. 土山屯汉墓出土铜洗的命名

2011 年张家楼镇土山屯汉墓 M6 刘琳、吴眇容棺内出土的两个青铜小盆，因丝织物包裹和铜锈等原因，纹饰不甚清晰。1966 年长沙汤家岭西汉墓出土一件鎏金铜洗，敞口、宽折沿、收腹、平底、矮圈足，领部内外刻三角纹，口沿刻 S 形云气纹，腹下部及内壁、器底刻漩涡形云气纹，外腹上部饰三角形瓦楞纹，有铺首衔环一对，通体鎏金，口径 15.7、底径 8.5、高 5 厘米[11]。1981 年，

［1］〔汉〕许慎撰，〔清〕段玉裁注：《说文解字注》，上海古籍出版社，1988 年，第 704 页。
［2］咸阳市博物馆：《陕西咸阳马泉西汉墓》，《考古》1979 年第 2 期。
［3］抚顺市博物馆：《辽宁抚顺县刘尔屯西汉墓》，《考古》1983 年第 11 期。
［4］曹斌：《西汉海昏侯刘贺墓铜器定名和器用问题初论》，《文物》2018 年第 11 期。
［5］阎宏斌：《陕西宝鸡县博物馆拣选一件汉代铜鋗》，《文物》1991 年第 8 期；庞文龙：《陕西岐山县博物馆收藏的汉代铜鋗》，《文物》1983 年第 10 期。
［6］江西省文物考古研究院、中国人民大学历史学院考古文博系：《江西南昌西汉海昏侯刘贺墓出土的铜器》，《文物》2018 年第 11 期。
［7］山东省菏泽地区汉墓发掘小组：《巨野红土山西汉墓》，《考古学报》1983 年第 4 期。
［8］安徽省文物考古研究院、巢湖市文物管理所：《巢湖汉墓》，文物出版社，2007 年，第 31 页。
［9］济南市考古研究所：《济南市魏家庄汉代墓葬发掘报告》，山东省文物考古研究所编：《海岱考古》（第八辑），科学出版社，2015 年。
［10］陈立柱：《巢湖放王岗一号汉墓主人吕柯即扬州刺史柯》，《巢湖学院学报》2016 年第 4 期。
［11］湖南省博物馆：《长沙汤家岭西汉墓清理报告》，《考古》1966 年第 4 期。

图 5-40　安徽芜湖贺家园西汉墓 M2 出土的鎏金铜盆

安徽芜湖贺家园西汉墓 M2 出土了 2 件鎏金小铜盆（图 5-40）。这两件铜盆大小、形制一致，口沿外折、弧腹、平底、矮圈足，腹部饰带纹一周，两侧有铺首衔环一对，盆内外满布卷云纹，近底有一周锯齿纹，内底有一条龙回环于卷云纹中，花纹阴刻细线、鎏金，高 4.8、口径 17.5 厘米 [1]。刘琳、吴眇容墓内出土的小铜盆与汤家岭西汉墓、贺家园 M2 的鎏金小铜盆几乎一致，铜器表面刻划的纹饰应为汉代流行的虡纹画。《后汉书·礼仪志》记载 "东园匠、考工令奏东园秘器，表里洞赤，虡文画。" [2] 虡纹画是在漫卷的流云中绘画日月、神兽等图案，祈求辟邪除凶、延年益寿，主要出现在汉代漆木器上，画像石、陶器、铜器、建筑上也有使用 [3]。

《琅琊墩式封土墓》[4] 将这类小盆命名为 "鋗"。《说文解字》称 "鋗，小盆也" [5]，没有言及具体特征。汉代青铜器中多有鋗的自名器，如前文提到的 "元康元年造黄山铜二斗鋗"；南昌西汉海昏侯刘贺墓出土了三件铭文鋗 "昌邑食官鋗容四升重十二斤二两"，"昌邑食官鋗容四升重十三斤六两"，"昌邑食官鋗容四升重十三斤十两"，此外还有两件以鋗计重自名为 "盆"和 "盘" 的水器，"昌邑食官鋗容廿升重五十四斤，昌邑二年造盆" 和 "昌邑食官鋗容十升重卅一斤，昌邑二年造盘" [6]。通过这些自名器看，鋗是有相对统一标准容量的容器，并非所有小盆形的青

［1］安徽省文物工作队、芜湖市文化局：《芜湖市贺家园西汉墓》，《考古学报》1983 年第 3 期。
［2］〔南朝宋〕范晔撰、〔唐〕李贤等注：《后汉书》，中华书局，1965 年，第 3141 页。
［3］陈建明、聂菲主编：《马王堆汉墓漆器整理与研究（中）》，中华书局，2019 年，第 148、149 页。
［4］青岛市文物保护考古研究所、青岛市黄岛区博物馆编著：《琅琊墩式封土墓》，科学出版社，2018 年，第 26、40 页。
［5］〔汉〕许慎撰，〔清〕段玉裁注：《说文解字注》，上海古籍出版社，1988 年，第 704 页。
［6］曹斌：《西汉海昏侯刘贺墓铜器定名和器用问题初论》，《文物》2018 年第 11 期。

铜器都是鋗。

《中国考古学·秦汉卷》将贺家园 M2 出土的小铜盆命名为"鋗"[1]。有学者称"鋗"为圈足簋形器，在西汉中期出现，多见于西汉晚期，特征是弧腹、平底、圈足、腹两侧有辅首衔环，主要出土于两广、两湖、四川、云南等南方地区[2]。但是，出土的鋗器高和口径比约为 1∶2，且器形与西周的簋相近，从西汉晚期到东汉，圈足更加外撇且增高。汤家岭汉墓、贺家园汉墓、土山屯汉墓等出土的小铜盆器高和口径比约为 1∶3，口径多在 16～18 厘米，器形较小，圈足甚矮，工艺多为錾刻纹饰后鎏金，这类器物目前没有发现自名器。汤家岭西汉墓还出的一件器形与鎏金小铜盆一致，但口径达 40.8 厘米的铜盆，口沿墨书"张端君铜洗一"，因此发掘者将同出的小铜盆命名为"洗"。[3]结合汤家岭墨书，这类小铜盆应为"洗"。

3. 青铜牌饰的文化特征

带框牌饰在战国西汉墓中多有发现，材质包括金、银、青铜鎏金等。田家窑墓群出土的是青铜鎏金嵌玉牌饰，纹饰是长钩喙带耳神兽、马首和后肢反转的虎纹。钩喙纹流行于战国晚期和西汉，内蒙古准格尔旗西沟畔出土鹰喙兽身金饰[4]，陕西神木纳林高兔出土鹰喙兽身金冠顶饰[5]，辽宁西岔沟墓地出土有鹰喙兽身铜牌饰[6]等，主要特征就是鸟喙突出。钩状鸟喙转嫁到动物身上，构成虚幻的钩喙怪兽，古人称其为"鸡鶒"。这种怪兽和后动物肢反转的构图常出现在新疆、内蒙古、宁夏等地出土的牌饰中，有学者指出，中国北方出现的这种怪异动物纹最直接的来源是阿尔泰艺术，起源地在黑海北岸到阿尔泰山之间[7]。

到了汉代，这类纹饰题材在中原和南方地区的牌饰中流行，但少数民族的风格逐渐淡化。1977 年江苏扬州姜莫书墓出土的嵌玉鎏金铜牌[8]和 1982 年五莲张家仲崮汉墓出土的两件鎏金铜牌[9]，边框为四龙纹，内嵌蟠螭纹玉片，从纹饰上完全是汉化风格。田家窑的铜牌饰边框上是具有阿尔泰艺术的带耳鸟喙神兽，玉牌的虎纹更具有汉化风格，这是汉文化与北方游牧文化融合的结果。这类牌饰在中原和南方地区最流行的阶段是在汉武帝大规模打击匈奴以前，时代应为西汉中期。有学者指出，中原和南方地区出土这类牌饰的墓葬等级都比较高，墓主人包括刘氏宗族和地方高级官吏[10]，反映出这类牌饰在当时是贵族身份的象征。

5.4.3　甲旺墩、土山屯、田家窑墓群与汉代区域政治中心

甲旺墩汉墓没有经过系统发掘，从出土青铜器看应为县级官吏墓葬。土山屯墓群以西汉中晚

[1]中国社会科学院考古研究所编著：《中国考古学·秦汉卷》，中国社会科学出版社，2010 年，第 655 页。

[2]吴小平、杨金东：《铜鋗小考》，《华夏考古》2006 年第 4 期。

[3]湖南省博物馆：《长沙汤家岭西汉墓清理报告》，《考古》1966 年第 4 期。

[4]伊克昭盟文物工作站、内蒙古文物工作队：《西沟畔匈奴墓》，《文物》1980 年第 7 期。

[5]戴应新、孙嘉祥：《陕西神木县出土匈奴文物》，《文物》1983 年第 12 期。

[6]孙守道：《"匈奴西岔沟文化"古墓群的发掘》，《文物》1960 年第 8 期和第 9 期合刊。

[7]杜正胜：《欧亚草原动物文饰与中国古代北方民族之考察》，《"中央研究院"历史语言研究所集刊》第 64 本第 2 分，1993 年，第 349、357 页。

[8]扬州市博物馆：《扬州西汉"姜莫书"木椁墓》，《文物》1980 年第 12 期。

[9]潍坊市博物馆、五莲县图书馆：《山东五莲张家仲崮汉墓》，《文物》1987 年第 9 期。

[10]李意愿：《战国西汉时期带框牌饰研究——兼诊北方草原文化对中原和南方地区的影》，四川大学 2007 年硕士学位论文，第 60 页。

期的刘氏家族墓葬为主，该墓群出土的公文木牍和衣物疏中多带有墓主人官职，如 2011 年发掘的 M6 墓主人刘琳是王子侯后裔，出土了一枚无文玉印；2017 年发掘的 M147 墓主人刘赐生前曾担任堂邑和萧县县令，M157 墓主人刘仲子是左曹中郎，多为县级或相应级别官吏。扬州姜莫书墓墓主人姜莫书是西汉晚期山阳王刘荆族人，五莲张家仲崮汉墓根据出土的玉片和"刘祖私印"的龟纽铜印认为墓主人是末代东昌侯刘祖，因此田家窑墓群也应有汉代县级或刘氏宗族等级较高的墓葬。

《汉书·地理志》载汉平帝元始二年（2 年）琅邪郡有五十一个县（侯国），明确在今黄岛区的是琅邪县、柜县。《水经注·潍水》"琅邪，山名也。秦始皇二十六年，灭齐以为郡，城即秦皇之所筑。遂登琅邪大乐之山，做层台于其上，谓之琅邪台。台在城东南十里"[1]，琅邪县大致位置在今黄岛区琅琊镇驻地。《胶州志》卷三十八《古迹考》："柜城，在治东南四十五里洋水之南。《汉志》琅邪柜县注：柜，艾水东入海。《水经注》：柜，艾水出柜艾山东北，流迳柜县故城西，王莽之袪同，世谓之王城，又谓是水为洋水矣，又东入海。今其地仍为王城，而社讹为王昌矣。"[2]《中国历史地图集》西汉"豫州、兖州、徐州、青州刺史部"中胶州湾南部有柜县，在今黄岛区王台镇[3]。此外，《汉书·王子侯表上》："祝兹侯延年，胶东康王子，（元封元年）五月丙午封，五年，坐弃印绶出国免。"[4]祝兹侯国故城位于齐长城以北、今六汪镇柏乡村西南，《水经注》载："（胶水）北经祝兹县故城东，汉武帝元年中封胶东康王子延为侯国"[5]，当地百姓在取土时曾发现完整的鼎、罐、匜、石凿等器物。

从甲旺墩墓群、土山屯墓群和田家窑墓群等级看，这些墓群附近存在县级政治中心。田家窑墓群位于汉代柜县附近，从 1999 年和 2002 年两次出土的铜器、陶器等器物分析，墓群时代从战国晚期延续到西汉，并且墓葬等级都比较高，或为柜县贵族、官吏墓地。土山屯墓群附近有安子沟、王家楼两处汉代墓群，三处墓群时代相近，墓群东侧为祝家庄遗址。祝家庄遗址文化堆积跨越龙山文化、西周、战国、汉、北朝、宋，考古发现有围沟、陶水管道等遗迹以及"千秋万岁"瓦当、带花纹铺地砖、筒瓦、瓦钉帽、石柱础等建筑构件，推测是一处汉代城址[6]，土山屯、王家楼、安子沟等墓群是城中居民墓地。甲旺墩墓群附近有甲旺墩遗址，是龙山文化时期的一个小型聚落中心，这个聚落中心延续到汉代或有县（侯国）建制。甲旺墩墓群东约 1 千米处是殷家庄汉墓，南约 1.5 千米处是厫上汉墓，这三处墓地应是城内居民的墓地。

《汉书·百官公卿表》载"县大率方百里，其民稠则减，稀则旷"[7]。以尹湾汉简《东海郡吏员簿》为例，西汉晚期东海郡有 18 个县、2 个邑和 18 个侯国，所辖里数约 2400 里，大县辖200 余里，侯国小至 10 余里，平均每个县（侯国）辖域约 63 里[8]。汉代一里合现在约 400 米，

［1］〔北魏〕郦道元著、陈桥驿校证：《水经注校证》，中华书局，2007 年，第 630 页
［2］〔清〕宋文锦修、刘恬纂：乾隆《胶州志》，乾隆十七年（1752 年）刊本。
［3］谭其骧主编：《中国历史地图集》第二册，中国地图出版社，1996 年，第 19、20 页。
［4］〔汉〕班固撰，〔唐〕颜师古注：《汉书》，中华书局，1962 年，第 476 页。
［5］〔北魏〕郦道元著，陈桥驿校证：《水经注校证》，中华书局，2007 年，第 633 页。
［6］青岛市文物保护考古研究所、青岛市黄岛区博物馆：《黄岛区祝家庄遗址发掘简报》，青岛市文物保护考古研究所编著《青岛考古（二）》，科学出版社，2015 年，第 118~131 页。
［7］〔东汉〕班固撰，〔唐〕颜师古注：《汉书·百官公卿表》，中华书局，1962 年，第 742 页。
［8］王焕：《鲁东南苏北沿海地区汉代聚落形态研究》，山东大学 2014 年硕士学位论文，第 60、61 页。

即两个县之间相隔约 25 千米。甲旺墩墓群距离琅琊镇驻地约 28 千米，相距较远，故推测甲旺墩及周边墓群与琅邪县没有关系。甲旺墩与汉代海曲县相距大约 30 千米，与琅琊镇相距约 28 千米，琅琊镇与祝家庄相距约 28 千米，祝家庄与田家窑相距约 30 千米，田家窑距离柏乡约 30 千米，基本与东海郡属县辖域相符。因此，根据对汉代墓葬的考古学分析，黄岛区辖域在汉代至少有 5 个县级行政区划，包括琅邪县、柜县、祝兹侯国以及以祝家庄和以甲旺墩为中心的县（侯国）。

（本节由郭长波、徐军平、覃小斐撰写）

5.5　汉代钱坨研究

20 世纪 80 年代，今王台镇东草夼村断崖出土两个大型钱坨。本次保护修复过程中对其中一个钱坨进行了拆解、清洗和整理。该钱坨（Z0294）长 43.3、宽 40、高 20 厘米，重约 52.8 千克。拆解后发现，钱币是按照一枚大钱、一枚小钱的规律以麻绳串联，后因埋藏等原因逐渐粘合成坨（图 5-41）。经过修复、整理，该钱坨共拆解得铜钱 21137 枚（图 5-42）。

5.5.1　钱币种类

该钱坨拆解出来的钱币大致可分为赒化圜钱、半两钱、五铢钱、新莽钱、无文小钱、圣宋元宝等六大类。

1. 赒化圜钱，1 枚。直径 2.8、肉厚 0.1 厘米，重 4.5 克。正面有内外郭，背平素，正方形穿，穿宽 0.9 厘米，钱文"赒三化"，"三"字接内郭不接外郭。（图 5-43）

2. 半两钱，33 枚。根据钱币重量分为 A、B 两型。

A 型，边缘有磨郭现象，正方形穿，穿两面无郭，钱文结构松散，"半"字两横等长，上横

图 5-41　保护修复前

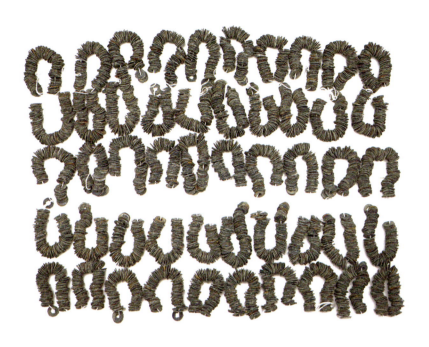

图 5-42　保护修复后

图 5-43　赙化圜钱（原物、拓片、X 光片）

图 5-44　磨郭半两钱（原物、拓片、X 光片）

呈分角式。"两"字上横与字腹等长，字腹为"十"字形。钱径 2.5、穿宽 0.9 厘米，重 4.06 克。（图 5-44）

　　B 型，边缘无周郭，正方形穿，穿两面无郭，字文笔画扁折。钱径 2.2 ～ 2.3、穿宽 0.8 厘米，重 2 ～ 3 克。现根据"两"字形分Ⅰ、Ⅱ、Ⅲ式。

　　B 型 I 式即"双人两"。一枚"半"字上横呈分角式，下横稍短；"两"字无颈，上横稍短，字腹呈双"人"字（图 5-45，1）。一枚钱文松散，笔画较细，"半"字上横平直，与下横等长，中竖较长；"两"字上横与字腹等长，字腹为双"人"字（图 5-45，2）。

　　B 型 II 式即"连山两"。钱文敦厚，"半"字上横平直，与下横基本等长，字头两点稍显收敛。"两"字无颈，上横几与字腹等长，字腹内"人"字相连，笔画不出头。（图 5-46）

　　B 型 III 式即"十字两"。钱文清晰，字形端正。"半"字上下两横等长，上横呈分角式。"两"字写法简化，字腹呈"十"字形，分为无颈（图 5-47，1）和有颈"十字两"（图 5-47，2）。

　　3. 五铢钱，18693 枚，超过钱币总数的 88%，根据钱币形制分为 A、B、C、D 四型。

　　A 型制作规整，边缘有周郭，正方形穿，穿的正面无内郭，反面有郭。钱径约 2.5 ～ 2.6、穿宽约 0.9 ～ 1.0 厘米。根据钱币重量及钱文写法分为四式。

　　A 型 I 式钱文字形紧凑，"五"字中间两笔略带弯曲，上下对称，呈漏斗形。"铢"字金字头呈三角形，朱字头方折，下笔圆折，笔画修长，重 6.25 克。（图 5-48）

1　　　　　　　　　　　　　　2

图 5-45　B 型 I 式半两钱（原物、拓片）

图 5-46　B 型 II 式半两钱（原物、拓片）

1　　　　　　　　　　　　　　2

图 5-47　B 型 III 式半两钱（原物、拓片）
1. "十字两"无颈半两钱；2. "十字两"有颈半两钱

　　A型Ⅱ式钱文笔画粗重，流畅均匀。"五"字中间两笔微曲，"铢"字中朱字笔画方折，重3.66克。（图5-49）

　　A型Ⅲ式钱文"五"字较窄，交笔微曲，字形对称。"铢"字金字头呈小三角形，朱字方折，笔画均匀。部分钱币有明显磨郭痕迹，重3.49克。（图5-50）

　　A型Ⅳ式钱文笔画较为松散。"五"字交笔弯曲，上下对称。"铢"字中金字头呈大三角形，朱字圆折，重3.13克（图5-51，1）。一枚"五"字在左，"铢"字在右，且"金""朱"二字位置相反，为"传形五铢"，钱径2.4厘米，重2.71克（图5-51，2）。一枚钱面钻五个圆孔，重2.6克（图5-51，3）。

　　B型即"四出五铢"。边缘有周郭，正方形穿；背面有内郭，穿郭四角有四条直文和周郭相连。"五"字交笔弯曲，呈漏斗形，"铢"字中金字头呈三角形，朱字头方折，下笔圆折，字形均匀。钱径2.5、厚0.1、穿长宽均为0.8厘米，重3.85克。部分钱币还有磨郭现象。（图5-52）

　　C型，此型钱币多不完整。一为"剪边五铢"，外郭被剪凿，钱文仅剩一半，钱径约2厘米，重不足1克（图5-53，1）。一为"延环五铢"，钱径完整，周郭有打磨痕迹，边缘平整，钱心被剪凿，钱径2.5厘米，重约1.55克（图5-53，2）。此外，还有一枚没有加工完成的延环五铢

   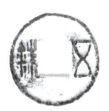

图5-48　A型Ⅰ式五铢钱（原物、拓片）　　　　图5-49　A型Ⅱ式五铢钱（原物、拓片）

图5-50　A型Ⅲ式五铢钱（拓片）

1　　　　　　　　　　2　　　　　　　　　　3

图5-51　A型Ⅳ式五铢钱（拓片、原物、X光片）

图 5-52　B 型五铢钱（原物、拓片）

1　　　　　　　　　　　2　　　　　　　　　　　3

图 5-53　C 型五铢钱（原物、拓片、X 光片）
1. 剪边五铢钱，2. 延环五铢钱，3. 延环五铢钱半成品

样品（图 5-53，3）。

D 型　钱币很薄，钱径大小不一，无周郭，穿大，无文，俗称"鹅眼钱"。

4. 新莽钱　有大泉五十和货泉两种，共 309 枚。虽种类不多，但两种钱币形制多样。

（1）大泉五十共 28 枚。根据钱币重量分为 A、B 两型。

A 型钱币较厚重，边缘有周郭，穿的两面均有郭，文字纤细秀美，一般在 4 克以上。根据"大"字书写方式不同分为二式。

A 型 I 式"大"字圆垂。一类"泉"字笔画圆润，字体窄于穿孔；"五"字中间两笔略带弯曲，上下对称，呈漏斗形；钱径 2.6、郭厚 0.25、郭宽 0.1、穿宽 0.9 厘米。一枚"十"字笔画均分，重 6.38 克（图 5-54，1）；一枚"十"字横划偏下，重 5 克（图 5-54，2）。一类"泉"字形态扁折，略宽于穿孔；"五"字规范，"十"字位置偏下，竖划较短；钱币背面向左下方约移范 0.1 厘米。钱径 2.6、郭厚 0.1、穿宽 0.8 厘米，重 4.82 克（图 5-54，3）。

A 型 II 式，一枚"大"字窄肩且垂，"十"字呈上长下短的不平衡感，钱径 2.65、郭厚 0.25、宽 0.15 厘米，穿宽 0.9 厘米，重 7.18 克（图 5-55，1）。一枚"大"字窄肩，"五"字不甚规整，"泉"字扁平，与穿等宽，钱径 2.7、郭厚 0.2、穿宽 0.8 厘米，重 5.44 克（图 5-55，2）。

B 型钱币较薄较轻，边缘有周郭，重 2 ～ 3 克。根据钱币特征分为三式。

B 型 I 式形制规整，钱文"大"字圆垂，"泉"字扁折，与孔同宽，"五"字较窄，"十"字横划平分中竖。钱径 2.4、穿宽 0.8 厘米，重 2.13 克。（图 5-56）

B 型 II 式 1 枚。正方形穿，穿的正面无郭，反面有郭。钱文"五"字在右，字形较窄；"十"字在左，呈对称式。"大"字圆垂，"泉"字扁折。钱径 2.4、郭厚 0.1、穿宽 0.9 厘米，重 2.71 克。（图 5-57）

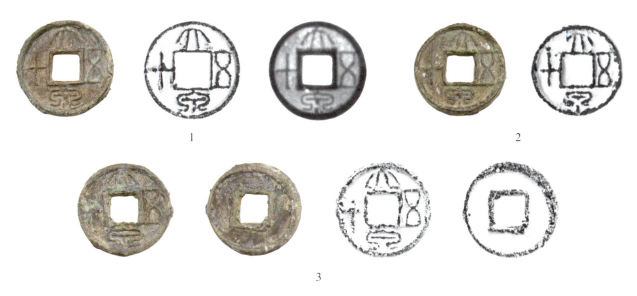

1

2

3

图 5-54　A 型Ⅰ式大泉五十钱（原物、拓片、X 光片）

1

2

图 5-55　A 型Ⅱ式大泉五十钱（原物、X 光片）

图 5-56　B 型Ⅰ式大泉五十钱（原物、X 光片）　　　　图 5-57　B 型Ⅱ式大泉五十钱（原物）

　　B 型Ⅲ式 1 枚。正方形穿，穿的两面均有郭，钱币带有穿孔。钱文清晰，"大"字窄肩而垂，"泉"字扁折，"五"字笔画弯折明显，"十"字上下对称，穿的四角处各有一个圆形穿孔，钱径 2.7、郭厚 0.15、宽 0.1 厘米，穿宽 0.95 厘米，重 3.24 克。（图 5-58）

　　（2）货泉，共 281 枚。根据钱币重量、字体等特征分为 A、B、C 型。

　　A 型面背均有内外郭，正方形穿，钱面外高内下，成斜坡形，两面皆有"货泉"二字，钱文方向相同，"货泉"两字书写虽有变化，但相对一致，悬针篆书体纤细、刚劲，工整有神。钱径 2.3、肉厚 0.1、外郭宽 0.2、内郭宽 0.1、穿宽 0.7 厘米，重 3.38 克（图 5-59，1、5-59，2）。此

图 5-58　B 型Ⅲ式大泉五十钱（原物、拓片）

1　　　　　　　　　　2　　　　　　　　　　3

图 5-59　A 型货泉钱（原物）

1　　　　　　　　　　　　　　　　2

图 5-60　B 型货泉钱（原物、X 光片）

外，还有 1 枚面文"货"字临内郭侧有省笔，钱径 2.4、肉厚 0.05、内郭宽 0.1、外郭宽 0.2、穿宽 0.7 厘米，重 2.55 克（图 5-59，3）。

　　B 型较规整，正背均有内郭。"货泉"两字为悬针篆体，但较肥，"泉"字头呈椭圆形，略高于穿孔。钱径 2.3、郭厚 0.12、穿宽 0.8 厘米，重 3.11 克（图 5-60，1）。还有部分钱币郭较宽，约 0.2 厘米（图 5-60，2）。

　　C 型钱径约 2 厘米，轻薄，磨郭，有的钱币背面有标记。根据特征分为三式。

　　C 型Ⅰ式钱币较规整，外郭已被磨掉，穿之正反皆有内郭。钱径 2、内郭宽约 0.1、穿宽 0.7、肉厚 0.08 厘米，重 2 克。（图 5-61）

　　C 型Ⅱ式钱币规整，面背均有内外郭，外郭有打磨痕迹。"货泉"两字为悬针篆体，"货"字右笔较短，"泉"字细头。钱背穿右下角各有一横划，钱径 2.05、穿宽 0.8、郭厚 0.1 厘米，重 2.09 克。（图 5-62）

　　C 型Ⅲ式钱币较薄，正反都无内郭，外郭被打磨。文字粗糙，"泉"字上部较宽，呈正三角形。

图 5-61　C 型 I 式货泉钱（原物、X 光片）

图 5-62　C 型 II 式货泉钱（原物、拓片、X 光片）

图 5-63　C 型 III 式货泉钱（原物）　　　　　　图 5-64　圣宋元宝钱（原物）

钱径 2.1、穿宽 0.9 厘米，重 1.72 克。（图 5-63）

　　5. 圣宋元宝，1 枚，保存完好。此枚钱币居于钱坨最外层，边缘有周郭，正面外郭明显，内郭规整，正方形穿，背平，钱文篆书"圣宋元宝"四字。钱径 2.4、周郭宽 0.3、厚 0.1、内郭宽 0.1、穿宽 0.6 厘米，重 3.5 克。（图 5-64）

5.5.2　钱币的年代

　　1. 賹化圜钱，战国时期，齐国铸行的圆形方孔铜钱。賹化钱分为賹化、賹四化、賹六化三种。根据《青岛胶县出土賹化圜钱》介绍，"'賹四化'径约 3 厘米、穿约 1 厘米、重约 6 ～ 7 克，'賹六化'径约 3.6 厘米、穿约 1.1 厘米、重约 9 ～ 10 克"。山东章丘亦曾出土过相似的賹四化圜钱，钱径在 2.9 ～ 3.0 厘米，重量在 4.9 ～ 7.9 克[1]。该钱坨拆解出的賹四化圜钱是典型的战国晚期齐

---

[1] 毛公强：《青岛胶县出土賹化圜钱》，《中国钱币》1987 年第 4 期。王方：《山东章丘出土齐刀、賹化圜钱》，《中国钱币》，1994 年第 2 期。

国钱币。

2. 半两钱，《汉书·食货志》关于秦半两的记载："铜钱质如周钱，文曰'半两'，重如其文。"[1] 及至汉朝，半两钱屡经废行，形制多样。汉初，虽沿秦币制，但因"秦钱重难用，更令民铸钱"[2]，半两多轻巧。吕后二年（前240年）改"行八铢钱"[3]。汉文帝五年（前175年）"更铸四铢钱"；汉武帝建元元年（前140年），"令县官销半两钱，更铸三铢钱，重如其文。"[4] 又因三铢钱轻，易作奸诈，于建元五年（前136年）"罢三铢钱，行半两钱"，直至元狩五年（前118年）汉武帝再"罢半两钱，行五铢钱"[5]，半两钱才彻底退出历史舞台。

秦汉时期流通的半两钱都有明显时代特征，洛阳烧沟汉墓共出土三型半两钱，第一型为秦半两，钱径3.3厘米，重7.2克；第二型是高后八铢半两，钱径2.7厘米，重4.6克；第三型为文帝四铢半两，钱径2.4厘米，重2克。[6] 依据史料记载和实际重量，该钱坨拆解出的A、B两型半两钱分别为高后八铢半两和汉初四铢半两。四铢半两分为文帝四铢和武帝四铢半两钱，文帝时略重[7]。蒋若是《秦汉半两钱系年举例》中提到湖北江陵凤凰山168号墓出土的文帝四铢半两钱径约在2.3～2.5、穿径0.75～0.85厘米，重量约2.6～3.2克；武帝半两钱径2.1～2.3、穿径在0.7～0.9厘米，重约2克[8]。根据钱重，B型半两包括文帝四铢半两和武帝四铢半两。

3. 五铢钱，五铢钱铸造始于西汉武帝。元狩五年（前118年），"有司言三铢钱轻，轻钱易作奸诈，乃更请郡国铸五铢钱，周郭其质，令不可得摩取镕"[9]，是为郡国五铢之肇始。元鼎二年（前115年），汉武帝将铸币权收归中央，遂制赤仄五铢。[10] 元鼎四年（前113年），上林三官五铢正式发行[11]，钱币形制趋于规范统一。东汉以后，五铢币制发展曲折，形制混乱。建武十六年（40年），汉光武帝刘秀一改"王莽乱后，货币杂用布、帛、金、粟"的乱象，"始行五铢钱"[12]。汉章帝时期，社会经济发展低迷，谷贵钱贱，经用不足，因此下令"封钱勿出"，与民争利；直

---

[1]〔东汉〕班固撰，〔唐〕颜师古注：《汉书·食货志下》，中华书局，1962年，第1152页。

[2]〔西汉〕司马迁撰，〔南朝宋〕裴骃集解，〔唐〕司马贞索隐，〔唐〕张守节正义：《史记·平准书》，中华书局，2013年，第1703页。

[3]〔东汉〕班固撰，〔唐〕颜师古注：《汉书·高后纪》，中华书局，1962年，第97页。

[4]〔东汉〕班固撰，〔唐〕颜师古注：《汉书·食货志下》，中华书局，1962年，第1153、1164、1165页。

[5]〔东汉〕班固撰，〔唐〕颜师古注：《汉书·武帝纪》，中华书局，1962年，第159、179页。

[6]中国科学院考古研究所：《洛阳烧沟汉墓》，科学出版社，1959年，第223页。

[7]成都博物院、青白江区文物保护管理所：《成都青白江西汉木椁墓出土的半两钱》，《中国钱币》2013年第5期。

[8]蒋若是：《秦汉半两钱系年举例》，《中国钱币》1989年第1期。

[9]〔东汉〕班固撰，〔唐〕颜师古注：《汉书·食货志下》，中华书局，1962年，第1165页。

[10]《史记·平准书》："郡国多奸铸钱，钱多轻，而公卿请令京师铸钟官赤侧，一当五，赋官用非赤侧不得行。……是岁也，张汤死而民不思。"由是观之，赤仄五铢铸于元鼎二年（前115）。

[11]上林三官五铢的铸行年代目前学界存在三种说法：元狩五年（前118年）、元鼎四年（前113年）、元鼎五年（前112年）。以元狩五年（前118年）为准者，因《汉书·食货志》中言"自孝武元狩五年三官初铸五铢钱，至平帝元始中，成钱二百八十亿万余云。"然结合《史记·平准书》《汉书·食货志》前文及考古发现已经证明，此句有讹误，元狩五年（前118年）为发行郡国五铢钱的时间。《史记·平准书》："是岁也，张汤死而民不思。其后二岁，赤侧钱贱，民巧法用之，不便，又废。于是悉禁郡国无铸钱，专令上林三官铸。钱既多，而令天下非三官钱不得行，诸郡国所前铸钱皆废销之，输其铜三官。而民之铸钱益少，计其费不能相当，唯真工大奸乃盗之为。"由此知上林三官五铢铸于张汤死后二年。关于张汤卒年，《史记·酷吏列传》："汤为御史大夫七岁，败。"《史记·汉兴以来将相名臣年表》记："元狩二年，御史大夫汤。""元鼎二年，汤有罪，自杀。"元狩二年（前121年）至元鼎二年（前115年）正合七年。然《史记集解》："徐广曰：元鼎三年。"方才有上林三官五铢铸于元鼎四年和元鼎五年之争。从史料角度讲，遵从《史记》记载并无过错，再联系《史记》《汉书》记石庆于元鼎二年（前115年）迁为御史大夫，正与张汤卒年相合。由是认为《史记集解》有误，上林三官五铢应铸于元鼎四年（前113年）。

[12]〔南朝宋〕范晔撰，〔唐〕李贤等注：《后汉书·光武帝纪下》，中华书局，1965年，第67页。

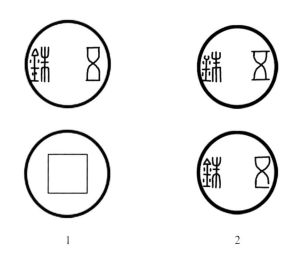

图 5-65　五铢钱
1.《洛阳烧沟汉墓》中第二型五铢（《洛阳烧沟汉墓》图九四，6）
2. 西安三里村东汉墓出土的和帝五铢（《长安县三里村东汉墓葬发掘简报》图十八）

至汉桓帝当政期间，这种情况依然没有改善，一众朝臣未见冶铸之益，使"帝竟不铸钱"[1]。汉灵帝时，国家困顿，已是"徵亡备兆，小雅尽缺"，虽于中平三年（186 年）作四出五铢以示币制改革[2]，却无力扭转国力疲软的局面。总体而言，东汉五铢钱铸造工艺较为粗糙，东汉中期以后钱币轻薄者居多。一是因为经济发展不足和统治者消极的货币政策，二则是由于东汉时期"铸币权下放到地方郡县……中央政府管理货币铸造的部门是太尉属下的金曹，但是它只是进行宏观的调控，并不亲自参与具体的货币铸造"。[3]

　　五铢钱最为标准的形制当属汉武帝时期的上林三官五铢，钱重 3.5 克。除王莽当政时期各类新莽钱，后世流通货币基本以此为准。该钱坨拆解出的 A 型 I 式五铢钱制作规整，重 6.24 克，远重于上林三官五铢，并有明显使用痕迹。满城汉墓出土的郡国五铢最重的 7.5 克，最轻的仅 2.5 克，南阳郡国五铢在 2.1 ~ 4.0 克，其铸造虽然粗糙，但是分量足够[4]。结合文字特征 A 型 I 式五铢钱应出现在上林三官五铢之前，是郡国五铢。A 型 II 式五铢钱制作极为精美，"铢"字写法符合西汉时期特征，钱径、重量等与上林三官五铢相差无几，应为汉武帝时期铸造的上林三官五铢。A 型 III 式五铢钱中"五"字写法与《洛阳烧沟汉墓》中第二型五铢相似[5]（图 5-65-1），而新莽时期"大泉五十"中"五"字写法可视为此式"五"字写法的继承。加之此式中还有一部分钱币磨郭痕迹明显，符合西汉社会民间"磨郭取鋊"的特征，应为西汉中晚期宣帝至平帝时期的五铢钱。A 型 IV 式五铢钱整体形制规整，从写法上看，"五"字交笔弯曲，"铢"字圆折居多，书

［1］〔唐〕房玄龄等撰：《晋书·食货志》，中华书局，1974 年，第 793、794 页。
［2］〔南朝宋〕范晔撰，〔唐〕李贤等注：《后汉书·孝灵帝纪》，中华书局，1965 年，第 360、353 页。
［3］徐承泰：《东汉时期货币铸造管理与执行机构的探讨》，《武汉大学学报（人文社会科学版）》，2000 年第 3 期。
［4］李建丽、赵卫平、陈丽凤：《满城汉墓钱币新探》，《中国钱币》1991 年 5 月。郭晓霞、陈娟：《南阳郡国五铢及相关问题》，《中原文物》2009 年第 5 期。
［5］中国科学院考古研究所：《洛阳烧沟汉墓》，科学出版社，1959 年，第 225、218 页。

法秀美，与陕西省西安三里村东汉墓出土的东汉和帝五铢十分相近[1]（图5-65，2）。B型是汉灵帝所铸四出五铢。

C型、D型剪边五铢、延环五铢和无文小钱，是东汉末年直至六朝时期社会上流通钱币的普遍形态。《宋书》言宋世祖孝建三年（456年），因"所铸钱形式薄小，轮郭不成就……又剪凿古钱，以取其铜，钱转薄小，稍违官式"，又"前废帝即位，铸二铢钱，形式转细……无轮郭，不磨鑢，如今之剪凿者，谓之末子。景和元年，沈庆之启通私铸，由是钱货乱败，一千钱长不盈三寸，大小称此，谓之鹅眼钱。劣于此者，谓之延环钱。"[2]洛阳烧沟汉墓出土的磨郭钱和延环钱时代为汉灵帝、汉献帝时期[3]，该钱坨解出的剪边五铢、延环五铢亦应为东汉末年铸币。无文小钱为董卓所铸，董卓入京，"坏五铢钱，更铸小钱"，此钱"无轮郭文章"，质地极差，导致"货贱物贵"，"不便人用"，社会出现极为严重的通货膨胀。[4]曹操为相后，才罢黜小钱，"还用五铢"[5]。

4.新莽钱，大泉五十和货泉铸造年代史料记载明确，《汉书·王莽传》载居摄二年（7年）"五月，更造货：错刀，一直五千；契刀，一直五百；大钱，一直五十，与五铢钱并行。"[6]大钱文"大泉五十"，"径寸二分，重十二铢"。[7]又地皇元年（20年），"罢大小钱，更行货布，长二寸五分，广一寸，真货钱二十五。货钱径一寸，重五铢，枚直一。两品并行"。[8]《汉书·食货志》却载货泉为天凤元年（14年）铸造[9]。今从胡三省论，认为货泉始于天凤元年[10]。

王莽早期的官铸大泉五十钱体干净利落，文字纤丽秀美，重十二铢，即8克。但今解得的28枚铜钱中，最重的不足7.2克，最轻者仅有2.13克，说明这些大泉五十铸造分量不足。A型钱体较重，应为早期铸币。王莽建国元年（9年）"遣谏大夫五十人分铸钱于郡国"，又于次年"初设六筦之令。命县官酤酒，卖盐铁器，铸钱，诸采取名山大泽众物者税之。"[11]在郡国享有相对独立的铸币权之后，"短两"和钱币形制各异等现象便也顺理成章。天凤元年，随着币制改革的失败，王莽废止宝货制，允许"大泉五十"贬值，"枚俱值一，与新币并行流通"期间，民间熔毁厚重"大泉五十"，盗铸的薄小"大泉五十"，钱径约2.6厘米，重在3克左右，B型钱币多为这一时期铸造。此外，B型钱币中发现有镂孔，应是后期所为，应是钱币作为装饰或其他用途。

至于货泉，A型钱币制作精整，无论直径和重量都和规定标准基本相符，文字笔笔细纤，道道刚劲，当是初创时期制作。其中出现了"合背钱"，属于铸造失误，这与当时立式叠铸法的铸造工艺密不可分。[12]早期钱币中也出现了一些重量轻的，是当时的私铸钱。B型钱币在A型钱

[1] 参见杭德州：《长安县三里村东汉墓葬发掘简报》，《文物参考资料》，1958年。朱活：《古钱新探》，齐鲁书社，1984年，第289~290页。

[2]〔南朝梁〕沈约撰：《宋书·颜竣传》，中华书局，1974年，第1960~1961、1963页。

[3] 中国科学院考古研究所：《洛阳烧沟汉墓》，科学出版社，1959年，第226页。

[4]〔南朝宋〕范晔撰，〔唐〕李贤等注：《后汉书·董卓列传》，中华书局，1965年，第2325页。

[5]〔唐〕房玄龄等撰：《晋书·食货志》，中华书局，1974年，第794页。

[6]〔东汉〕班固撰，〔唐〕颜师古注：《汉书·王莽传上》，中华书局，1962年，第4087页。

[7]〔东汉〕班固撰，〔唐〕颜师古注：《汉书·食货志下》，中华书局，1962年，第1177页。

[8]〔东汉〕班固撰，〔唐〕颜师古注：《汉书·王莽传下》，中华书局，1962年，第4163~4164页。

[9]《汉书·食货志》："天凤元年，复申下金银龟贝之货，颇增减其贾直。而罢大小钱，改作货布……货泉径一寸，重五铢，文右曰'货'，左曰'泉'，枚直一，与货布二品并行。"

[10] 参见潘良炽：《王莽究竟几改币制》，《西北大学学报》1991年第1期。

[11]〔东汉〕班固撰，〔唐〕颜师古注：《汉书·王莽传中》，中华书局，1962年，第4118页。

[12] 王宗发：《试谈新莽合背钱的形成》，《中国钱币》1986年第4期。

的基础上演变而来，但是文字版别增多，变化无常，重量减轻，更显草率，从侧面反映了中央集权的削弱。C 型钱币钱面不铸内郭，记号钱成为普遍现象，并且重量更轻，说明当时的铸币权发生了重大变化，应为王莽当政后期铸币。通过 C 型钱币的磨损痕迹分析，这些钱币应当使用到东汉早期光武帝铸行五铢之前。

5. 圣宋元宝，未见正史记载，但考古中多有发现。宋徽宗赵佶即位后改元建中靖国元年（1101 年），开铸篆、隶、行、楷四体圣宋元宝，通宝小平、折五钱，平钱直径 2.5 厘米，重 3.8 克[1]。该钱坨拆解出的这枚圣宋元宝为铜质小平钱，与《辽宁建昌龟山一号辽墓》中出土的一枚篆书圣宋元宝[2]形制相似。目前学界多认为圣宋元宝为宋徽宗建中靖国元年铸造的非年号钱。[3]

5.5.3　结论

青岛市黄岛区博物馆馆藏钱坨，从其保存形制和钱币串联形式可推知为窖藏。其中拆解出战国齐国賹四化、西汉半两、两汉各类五铢钱、新莽钱、无文小钱和北宋徽宗圣宋元宝等六大类铜币，数目众多，年代跨度大。通过整理发现，各类钱币带有明显时代特征，均具有持续使用痕迹。其中出现的賹四化钱因数量少，应为早期钱币在流通中混入。该钱坨中除了一枚圣宋元宝外，没有发现明确为东汉以后至北宋时期的钱币，而圣宋元宝位于钱坨的表层。因此，该钱坨应为东汉后期的钱币窖藏，从北宋钱币的出现推测，该钱坨可能在宋代被混入了当时的钱币。

（本节由郭长波、杨易撰写）

5.6　铜造像研究

黄岛区在明清时期分属胶州和诸城县以及灵山卫，除了胶州石门寺、大士庵、准提庵外，还有灵山卫朝阳寺、白云寺以及诸城县琅琊台上的寺观建筑等。除此之外，还有很多不见于方志记载的寺观，这些寺观规模小，大都不需官府管理，仅为一处小型社会活动场所，兴废随意。解放战争后期，为发展教育事业，寺观庙宇用作学校和其他用途，神像或被捣毁，或流散。20 世纪 80 年代以来，博物馆征集到少量铜造像，包括佛教造像和道教造像。

5.6.1　馆藏铜造像概况

1. 佛教造像

（1）菩萨造像（W0649），原胶南广电局移交。造像高髻，面部已模糊，头顶及肩部原应连接有头光装饰，已缺失。通肩袈裟，胸前衣纹呈"U"形，袈裟褶纹呈半月形重叠垂至足部，束腰，右臂贴身下垂，左臂缺失，肩部为一圆孔。菩萨立于台上，台下原应有底座，已缺失，背面平。造像底座直径 1、高 1.8、通宽 2、通高 10 厘米。（图 5-66）

［1］亓如言、国兆蔚编著：《中国古钱币简谱》，中国广播电视出版社，1991 年，第 44 页。
［2］靳枫毅、徐基：《辽宁建昌龟山一号辽墓》，《文物》1985 年 4 月。
［3］彭信威：《中国货币史》，上海人民出版社，1958 年，第 261 页。

图 5-66　菩萨造像（W0649）　　　　　　　图 5-67　观音菩萨造像（W0608）

（2）观音菩萨造像（W0608），大村镇大亮马村征集。造像铜铸，头戴宝冠，冠前部残缺，结跏趺坐于莲花座上，面相圆润，凝神闭目，表情慈祥。内着长裙，外披大袍，胸前饰璎珞珠宝，双手中指、无名指指节上屈，施入定印，左肩立妙音鸟，右肩为净瓶。底座长 15.2、宽 12.3、高 8.5、通高 31.8 厘米。（图 5-67）

（3）观音菩萨造像（W0614），滨海街道办事处王家村征集。造像鎏金，部分已剥落。观音高髻，风帽，着通肩袈裟，衣领自两肩垂下，呈"U"形下垂至胸腹部，双手笼于袖中，左袖口置于右袖口前，衣缘及袖口饰花纹，结跏趺坐，作入定状。底长 5、宽 4、通高 7.5 厘米。（图 5-68）

（4）韦陀造像（W0615），大村镇大亮马村征集。韦陀立于莲座上，头戴高盔，身披甲胄，足踏战靴，披帛飞舞，左手叉腰，右手扶金刚杵挂立。莲座底径 5、高 1.5、通高 13 厘米。（图 5-69）

（5）佛侍造像（W0613），滨海街道办事处王家村征集。该尊像为年轻佛家弟子形象，面向丰满，大耳垂肩，面部微仰，呈笑意。身着交领宽袖佛衣，双手合十于胸前，立于覆莲座上，应为佛两旁的胁侍。莲座底长 8.3、宽 8.2、高 6、通高 21.6 厘米。（图 5-70）

图 5-68　鎏金观音菩萨造像（W0614）　　　　　　　　图 5-69　韦陀造像（W0615）

2. 道教造像

道教神造像较多，主要包括三官造像、玉帝造像、关公造像和职业神像等。

（1）天官造像（W0604），大村镇大亮马村征集。造像铜铸，头戴发冠，中插发簪，五绺长髯，双耳后各有一绺长发垂于肩上。身着官袍，方心曲领，衣缘处及胸腹部錾刻花卉纹。袍衣贴伏身躯，衣袖盖伏双股，形成的衣褶线条流畅而下，足登云靴，分足坐于阶式宝座之上。左手手指覆于右手手指上，双手执简圭，简圭上端前倾，微残；简身与嘴、鼻子、眉心也大致位于同一垂直线，神情凝重。底座长 16.7、宽 10、高 4、通高 31.5 厘米。（图 5-71）

（2）地官造像（W0606），大村镇大亮马村征集。造像铜铸，头戴发冠，中插发簪，五绺长髯，双耳后各有一绺长发垂于肩上，面部微向左侧视。身着官袍，方心曲领，衣缘处及胸腹部錾刻花卉纹。袍衣贴伏身躯，衣袖盖伏双股，形成的衣褶线条流畅而下，足登云靴，分足坐于阶式宝座之上。左手手指覆于右手手指上，双手执简圭，简圭上端前倾，圭身右侧有弧，圭尖向右倾斜。地官造像与天官造像基本相同，从圭尖朝向判断，应摆放于天官左侧。底座长 16.7、宽 10、高 4、通高 31.5 厘米。（图 5-72）

（3）水官造像（W0607），大村镇大亮马村征集。造像铜铸，头戴发冠，中插发簪，五绺长髯，

图 5-70　佛侍造像（W0613）

双耳后各有一绺长发垂于肩上，面部微向左侧视。身着官袍，方心曲领，衣缘处及胸腹部錾刻花卉纹。袍衣贴伏身躯，衣袖盖伏双股，形成的衣褶线条流畅而下，足登云靴，分足坐于阶式宝座之上。左手手指覆于右手手指上，双手执笏圭，笏圭上端前倾，圭身向左侧倾斜。水官造像与天官造像基本相同，从圭尖朝向判断，应摆放于天官右侧。底座长 16.7、宽 10、高 4、通高 31.5 厘米。（图 5-73）

　　（4）玉皇大帝造像（W0605），大村镇大亮马村征集。造像铜铸，头戴冕毓，垂九毓。五绺髯，颐下短须，双耳后各有一绺长发垂于肩上。着仙袍，方心曲领，衣纹飘逸，胸襟及衣缘錾刻精美的纹饰。袍衣贴伏身躯，衣袖盖伏双股，形成的衣褶线条流畅而下，足登云靴，分足坐于阶式宝座之上。左手手指覆于右手手指上，双手执笏圭。圭直立，尖部錾刻云气纹，较三官造像所执更

图 5-71　天官造像（W0604）

图 5-72　地官造像（W0606）

为宽大；圭身与嘴巴、鼻子、眉心也大致位于同一垂直线，神情凝重。底座长 16.5、宽 10、高 3、通高 31.5 厘米。（图 5-74）

（5）神官造像（W0609），大村镇大亮马村征集。造像铜铸，头戴冠，无簪，身着广袖道服，袍袖下垂过膝，双手置于胸前捧着朝笏，笏较短。面庞呈国字形，鼻梁高挺，卧蚕眉高蹙，双目微睁上挑，神情肃然，五绺长髯，耳垂较为肥圆饱满。此像应是主尊两侧的胁侍神官之一。底座长 15、宽 13、高 7、通高 31.5 厘米。（图 5-75）

（6）关帝造像（W0611），滨海街道办事处王家村征集。造像立姿，面相威严，长髯拂胸，披带飘扬，身着金甲，下衬宽袖征袍，右臂下垂，右手手心向前，手指弯曲呈握刀柄状，左臂弯曲向上，左手部缺失。底座长 8.8、宽 8、高 3.8、通高 30.7 厘米。（图 5-76）

图 5-73　水官造像（W0607）

图 5-74　玉皇大帝造像（W0605）

（7）药王造像（W0612），滨海街道办事处王家村征集。药王方面短须，神情和蔼。头戴软翅乌纱帽，软翅垂于两肩，身着宽袖圆领长服，内外衣襟錾刻花卉，胸前为花卉纹方补，腰间束带。药王坐于座上，右肘置于右膝，前臂上曲，握拳；左手置于左膝上，手托药葫芦，足踏朝天靴。底座长 9.3、宽 8.8、高 6、通高 25.8 厘米。（图 5-77）

5.6.2　相关研究

这批造像是 20 世纪 80 年代博物馆工作人员在区内征集或移交所得。原胶南广电局移交的菩萨造像应为北朝至隋唐时期佛造像的胁侍菩萨。从张戈庄公社大亮马村（今大村镇大亮马村）征集造像 7 尊，包括 5 尊道教造像和 2 尊佛教造像；从胶南镇王家村（今黄岛区滨海街道办事处王

图 5-75　神官造像（W0609）　　　　　　　　图 5-76　关帝造像（W0611）

家村）征集到 4 尊铜造像，其中关帝造像 1 座，药王造像 1 座，佛教造像 2 座。据调查，大亮马村造像原为村西庙宇所供奉，庙宁为龙王庙，村民俗称为"西庙"，中华人民共和国成立以前已不存。乾隆《诸城县志》卷七《建制考》记载，诸城南"九十里，十字路社"有"皇姑庵"，"前《志》云唐僖宗时建，四角有四大泉，辽时改觉海寺。今规模僦隘，惟泉尚存"。[1] 皇姑庵位置已不可查，今大村镇有东、西十字路村，位于大亮马村东南，即乾隆年间十字路社所在区域，大亮马村西之龙王庙或与皇姑庵有关。

　　三官信仰渊源于古代先民对天、地、水的崇拜。道教产生以后，道教文人利用人们对天、地、

---

[1]〔清〕宫懋让修、李文藻纂：乾隆《诸城县志》卷七《建制考》，乾隆二十九年（1764 年）刊本。

图 5-77　药王造像（W0612）

水的敬畏心理，创造三官，达到增加信众的目的。《三国志·张鲁传》裴松之注引《典略》说：
"请祷之法，书病人姓名。说服罪之意，作三通，其一上之天，着山上；其一埋之地；其一沉之
水。谓之三官手书。"[1]又据《正统道藏·元始天尊说三官宝号经》载："上元一品，赐福天官，
紫薇大帝；中元二品，赦罪地官，清虚大帝；下元三品，解厄水官，洞阴大官。"[2]天官涤除凶秽，
去浊流清，赐福人间，被视作福神；地官滋生万物，长养下民，祛除妖怪，扫荡邪氛，为社稷之神；
水官搜捉邪精，驱雷逐电，海晏河清，平波伏浪，乃大帝水君。由此可见，三官分别代表天、地、水，

[1]〔晋〕陈寿撰，〔宋〕裴松之注：《三国志·张鲁传》，中华书局，1999 年，第 198 页。
[2]〔明〕张守初编：《正统道藏》，1923 年，上海涵芬楼影印本。

并各司其职。明代以来，各地多建有三官堂、三元庵、三官庙等，或在寺庙里专门设有三官殿。

玉皇大帝，即"昊天金阙无上至尊自然妙有弥罗至真玉皇上帝"，是道教神话传说中天地的主宰。关帝集忠、义、信、智、仁、勇于一身，《历代神仙通鉴》称关羽乃龙神转世，出生时，"啼声远达……竖眼攒眉，超颡长面，遍体如噀血……忠义性成，神圣之质"[1]，是彪炳日月、正气凛然的灵魂化身。明清时期，玉帝和关帝信仰在山东民间非常普遍，是百姓的保护神。但是，山东地区的药王信仰较少，药王是由古代名医演化而来，扁鹊、华佗、张仲景、孙思邈等都是民间流行的药神。普通民众遭受豪强的压榨，苦不堪言，如遇灾荒之年，瘟疫流行，疾病泛滥，人们的生存遭到严重威胁，为此他们急需神医来解救民间疾苦。人们对救死扶伤的医生极为崇敬和感激，视若再生父母，对那些医术高超的名医，更奉若神明，名医去世后，便被尊为医王、医神，受到世人供奉。药王神作为具有道教色彩的民间行业神，多为行医之人供奉。从这批造像铸造风格看，时代相近，应为明清时期。

5.6.3　结论

山东各地民众信仰既有在国家规范下的活动，又有自身需要而奉祀的多神现象，一定程度上体现了民间信仰的多样性。同时民间信仰也极具功利性，当人们遇到困难时，往往求神拜佛，若灵验就给神灵许下若干好处，故当其灵验时，信徒众多，而失去灵验时则门可罗雀。诸如黄岛区宝山镇向阳村的"关爷庙"，庙宇现仅剩三间且无任何神像。但经调查得知，这座庙宇以供奉关羽为主，前殿及厢房却同时供奉菩萨和碧霞元君等。大亮马村征集到的铜造像，既有明显为道教的玉皇大帝及三官造像，也有佛教的观音菩萨和韦陀造像，但庙宇却是以供奉龙王为主的龙王庙。基于功利性的特征，民间信仰中儒、释、道诸家神佛供奉在同一所寺观内的现象非常普遍，观中可以供奉佛教造像，寺中也有道家神祇，宗教属性很难界定。

（本节由于法霖、徐军平撰写）

---

[1]〔清〕徐道撰、周晶校：《历代神仙通鉴》，辽宁古籍出版社，1995 年，第 521、522 页。

后　记

　　2016 年 4 月，青岛市黄岛区博物馆馆藏金属文物保护修复方案经国家文物局批复同意实施。2017 年 10 月，由山东省文物保护修复中心、青岛市黄岛区博物馆联合成立项目组，启动保护修复工作。项目总协调人，王传昌（山东省文物保护修复中心）；项目负责人，徐军平（山东省文物保护修复中心）；项目组成员，刘靓、张坤、崔鹤、刘英杰、杨海涛（山东省文物保护修复中心）、翁建红、郭长波、于法霖、郝智国、李祖敏、杨易、覃小斐（青岛市黄岛区博物馆）。项目自 2017 年 10 月开始至 2018 年 9 月结束，用时 12 个月完成。

　　这批青铜文物的保护修复过程严格按照国家文物局批准的方案执行。能够做到处理前对文物病害详细记录，采用先进仪器对文物本体及病害进行测试分析，撰写具有指导作用的实施方案，按照既定技术路线实施修复工作，保护修复方法、材料和工具保证对文物的损伤降到最低，成果达到方案预期目标，妥善保护了这批珍贵的青铜文物。

　　需要特别指出，项目执行过程中，山东省文物保护修复中心主任王传昌、青岛市黄岛区文化和旅游局的领导多次到修复现场视察、指导工作。青岛市黄岛区博物馆馆长翁建红女士、副馆长郭长波先生多方协调，馆内业务部、安保部给予了大力支持，为该项目顺利开展提供了便利条件。山东省文物保护修复中心的张坤、崔鹤、刘英杰、杨海涛等 4 位同志在文物修复过程中认真仔细，善于观察，在修复编号为 Z0040 青铜鼎时发现了重要的铭文，为该鼎的断代考证提供了重要的参考。吴双成同志对部分章节提出了中肯的修改建议。王笑同志对部分纹样图的精细描绘，使文物的细节部位能够更加完美的呈现。对以上诸位领导和同仁的帮助，在此一并表示谢诚！

　　为全面、完整记录保护修复过程，挖掘文物的历史、科学和艺术价值，我们撰写完成《古铜今识——青岛市黄岛区博物馆藏青铜文物保护修复与研究》一书，力求通过在工作中的探索和实践，为同行提供有益的借鉴。

　　由于水平有限，在成书过程中难免出现错误与疏漏之处，恳请专家、学者和同行们指正。

徐军平

2020 年 9 月